人生100歳
シニアよ、
新デジタル時代を
共に生きよう!

シニアICTディレクター
牧アイティ研究所代表
牧 壮

カナリアコミュニケーションズ

はじめに

85歳で3冊目の本書を出版することになりました。

85歳は男性の平均寿命をもうすでに超えており、十分長生きしたと感じていますが、昨今は人生100歳時代といわれるようになり、新たな人生の目標が与えられたような気がしています。

まさかこの歳でまた本を書くとは、若い頃にはまったく想像だにしなかったことでした。前回出版した『シニアよ、インターネットでつながろう!』(カナリアコミュニケーションズ)を出版したのは今から3年前、私が82歳のときでした。

63歳でフルタイムジョブをリタイアし、私自身が高齢になっていく中で、進化の速い情報社会にどう対処できるか、自らを検体として「高齢化社会と情報化社会の融合」の実証実験をした結果を皆さんにお伝えしたかったのです。

残された人生があとどのくらいあるかわかりませんが、今回、85歳での出版を決心したのは、前著から3年が経過し、その間に私の周りにさまざまなことが起こり、改めて人生を考えさせられることがたくさんあったからです。

その中で最大のことは、言うまでもなく突然、新型コロナウイルスに全世界が見舞われたことでした。コロナ禍は今までの社会と人の生き方を大きく変えました。高齢化とともに、ただでさえ社会との接点が減り、孤立・孤独の生活に移行するシニアたちにとって、コロナ禍でいっそう社会から断絶されることになりました。外出がままならないことが単に運動不足をもたらしただけでなく、それ以上に人に会えないこと、人としゃべれないことなどにより、精神的ストレスが増大するということが明らかになりました。要は、今まで当然のことと思われていた〝普通の生活〟ができなくなったということです。

そして一方、コロナ禍で明白になり見直されたことの一つが、日本社会のデジタル化の遅れでした。

とりわけ、シニアにおけるデジタル活用は、世界の先進国の中で日本が最も遅れているのです。これは大きな社会問題と言えます。

今や、人口の約3割がシニアです。社会のデジタル化が進めば進むほど、シニアのデジタル化の遅れが、ますます社会問題として大きな課題となるはずです。しかし、その問題についてあまり議論をされているとは思えません。

われわれシニアはこのことに対し、自分たちの問題として真剣に対処する必要があります。

この本はＩＴの専門書ではありません。ＩＴが苦手でデジタルになかなかなじめない方、特に苦手ではないけれど何かあったらどうしようか、と心配な方に対して、**シニアが、シニア目線で、シニアのために、との思い**で書いた「シニアとデジタルをつなぐ本」です。

戦争を体験し、幸いにも命が残された85歳の人生です。社会が高齢化する中で、これから社会にどう伝えたらいいのか、この本は私の85年の人生を改めて考え直してみる機会にもなりました。戦争を体験した子ども時代から、85歳で見つめた残された人生への思いまでを書きました。

ますます高齢化が進む社会の中で、この本を通じて新しい生き方に皆さまと共にチャレンジできれば幸いです。

2021年　10月　牧　壮

目次

第3章 まず使ってみる、シニアがデジタルでつながる世界

第6章　リタイア後の最大の仕事は自分を育てる「育自」

第9章 85歳が思う今一番伝えたいこと 戦争体験をデジタルで語り継ぐ

第10章

100歳に向けての人生プラン「牧チャンネル85」への想い

第1章

いよいよ到来、すべてのシニアがインターネットでつながる世界

コロナ禍で改めて知らされたデジタルブランクの20年

予期もしなかった突然の新型コロナウイルスの襲撃。すべてのライフワークが大変革させられました。

会社での仕事はオンラインでの在宅勤務。学校は閉鎖。授業もオンラインでの在宅授業。大学に入ったものの1年間大学へは行けず、授業はオンラインで。「オンライン」という言葉が生活のあらゆる局面で使われるようになりました。

そして大きく指摘されたことが、この「オンライン」での業務がうまく機能せず、多くの社会活動が停滞したり、まったく停止する事態が発生したとのことでした。

その最も顕著な事例が行政にあらわれました。行政が鳴り物入りで始めたすべての国民の社会保障・税番号（マイナンバー）制度は、肝心のオンラインでの業務には役立たず、「密」にならないよう指導する市役所・区役所に長い行列ができるなどの現象があちこちに見られました。電子化の遅れによって、新型コロナウイルス対策の特別定額給付金を迅速に給付することすらできないことが浮き彫りとなったのです。省庁間のデジタルシステムの違いも課題となりました。

ここに来て、改めて「行政全体のデジタル化」の遅れの巻き返しを図り、急遽提起されたのが「デジタル庁」の設置。まさに「デジタル庁」はコロナ禍が生んだ「新しい庁」なのです。

では、今まで「デジタル庁」に類する行政のデジタル活用に関して、国は何もしてこなかったのでしょうか？

実は2000年7月に閣議決定された「経済財政運営の基本方針（骨太の方針）」では、デジタルガバメントの構築を「一丁目一番地の最優先政策課題」と位置付け、行政の電子化を重点に置くことを宣言していたのです。

当時の総理大臣が「IT革命」を「イット革命」と読んだという話は、海外のテレビでも報道された有名な話です。

政府はｅ－Ｊａｐａｎ戦略を策定し、２００６年に打ち出したＩＴ新改革戦略では、「世界一便利で効率的な電子行政」として、２０１０年までにさまざまな行政手続きのワンストップサービスの実現を目標に掲げました。

しかしながら、新型コロナウイルス対策での特別定額給付金の支給におけるトラブルでは、ワンストップどころか、ｅ－Ｊａｐａｎ戦略の目標だった単純な申請手続きですら、１００以上の自治体がオンラインでの受け付けを停止したことが報道されたことにより、電子化が進んでいないことが明確になりました。

政府が「行政の電子化」、そして「世界一便利で効率的な電子行政」と謳《うた》ってから20年を超えましたが、今の行政の実態を見るにつけ、その差をどう認識したらいいのでしょうか？

２０００年に政府が掲げた「日本を世界一のＩＴ国家」にするという目標は、いつの間にか消えてしまいました。この「デジタルブランクの20年」が、コロナ禍の中での、社会活動対応の遅れにつながったとも言えるのではないでしょうか。

スマホの普及が鍵となるシニアのデジタルライフ

20年ほど前、パソコンが広く一般的に使われるようになったとき、一時期あちこちに「パソコン教室」ができました。私も時間の許す範囲で、数多くのパソコン教室で教えました。ワードとエクセルの使い方が主体でした。

シニアもたくさん参加されました。年賀状が手書きから孫の写真入りの凝ったものになったり、ブログを書いたり、とシニアライフも大きく変わりました。しかし、ひとわたりパソコンが普及するとパソコン教室は消えていきました。新しい使い方が生まれなかったためだと思います。

そして、携帯電話が急速に普及し始めました。30年ほど前の携帯電話の全身、ショルダーフォンは重量が3kgもあり、とても日常の生活に使えるものではありませんでした。90年代に入り、小型化軽量化が進むと急速に普及し始めます。2000年代に突入する頃には、日本では世界に先駆け、シニアも含めほぼすべての人が携帯電話を持つほどになりました。

ところが、日本の携帯電話は世界最先端の高機能を持っていたものの、ネット接続、カメラ、電子マネーなど日本独自規格のため国内市場でしか通用せず、ガラパゴス携帯ともいわれ、世界のOS戦争でiPhoneやアンドロイドなどのスマートフォンに敗北したのです。

2007年にiPhoneが生まれ、世界が本格的にスマホ時代に入りました。2008年には日本でも発売され、2009年に一気にスマートフォンが一般化し、同年にはアンドロイド携帯も発表されたのでした。

スマホはアプリケーションソフトも充実し、手のひらに載るコンピューターとしての役割を果たし、一気に普及しました。スマホでの指のタップ式の操作はキーボードを使い慣れないシニアにも違和感が少なかったのですが、パソコンと違って使い方が多様で、パソコン教室のような教え方は通用しませんでした。

パソコンでの作業はキーボードを使っての手順がベースで、まずはその手順の勉強が必要でした。パソコンを何に使うかの前に、どう使うかのプログラムを覚えることでした。

一方、スマホは「何をしたいか?」が求められ、そのためのプログラムをスマホに組むことで、あとは画面上のアイコンや指示マークを指でタップするという、一切の専門的なプログラム知識なしで作業が進められます。スマホはパソコンの存在を大きく変えたのでした。

そしてその後に登場したｉＰａｄなどのタブレットは、小型のスマホに比べ画面サイズも大きくて使い勝手がよく、シニアの間でも急速に普及しました。

しかし、今までガラケーに慣れ切っていた高齢者には、スマホの普及はまだ遅れています。いまだにガラケー愛用の高齢者が、特に80代以上に多く見られます。

昨今の自然災害の増大で、自分の身の回りに何が起きているのかの情報不足で不安を感じたり、巣ごもりを強いられたりする、特に一人暮らしの高齢者の間では、コロナ禍で人とのつながりの減少などで、一気にスマホへの転換が加速されています。

行政も高齢者への情報提供手段として、地域の密着した情報をＬＩＮＥで発信するなどの活動を進め始めています。

あとはデジタル弱者であるシニアをどう支援していくかです。

改めて認識！　高齢者こそデジタルを

今回起きたコロナ禍は、すべての社会活動に対して大きなインパクトを与えましたが、とりわけシニアに対しては致命的とも言える影響をもたらしました。コロナ禍の中で明らかになったことの一つが、インターネットを使える人と使えない人との生活ぶりに、その差がはっきり出たということです。

高齢になるとともに社会との接点が減り、社会とのつながりがだんだんとなくなっていきますが、今回のコロナはそれを一気に加速させたのです。

特に、70～80代のシニアたちが、ステイホーム、巣ごもりなどで社会から断絶され、孤立・孤独生活で生きがいを失い、認知症が進む人が多く出るようになりました。

コロナは、**人間の一番大事なことは人と人とのつながり**であることを再認識させてくれました。

今までのアナログの世界では当然のごとくあった、日常の人のつながりがなくなることのつらさを体験したからです。

実はコロナ禍だから改めて、インターネットやデジタルの必要性が生まれたのではありません。

高齢化で身近な生活環境が変化する中、少子高齢化が進み一人暮らしが増え、生活上の移動にも不便が生じてきますが、それにも増してシニア自身の危機管理にデジタル活用が高まっていたのです。

最近、今まで「ガラケーで十分」と言っていた私の同年代の方からの相談で、スマホへの転換に関するものが急速に増えています。これはガラケーへのシステムサービスがやがてなくなるという理由もありますが、ほとんどが自身の**身の回りに起きる危機管理への対応にスマホが必要**となってきたからです。

地震、台風に加え、最近の自然現象の急変によって、予想外の危険がどこでももたらされるようになってきました。

もちろん、テレビでも危険な状態が近づいていることは報道されますが、今自分のいる場所に何が起きつつあるかまではわかりません。

防災スピーカーの声は聞きづらいものです。その地区の最新情報はその地域のLｉｎｅなどのインターネットで伝えられるのです。

せっかく伝えられる危機管理の情報も、もはやガラケーでは身の安全につながらないのです。75歳以上の後期高齢者に、まだガラケーに頼っている方が多いのが大変気にかかります。また、そういった親御さんがいる方には、ぜひスマホへの転換とそのためのサポートをお願いしたいと思います。

総務省が示す「デジタル活用共生社会」への道のり

行政が動き始めました。

総務省が令和3年6月から「デジタル活用支援推進事業」として、全国1800カ所程度での、主として高齢者のデジタル活用を支援する「講習会」を開始すると発表しました。事業全体は5カ年計画とのことです。

これから行政のオンライン化が進む中、行政手続きのオンライン化で、デジタル技術が使える方と使えない方の「デジタル格差」の解消が目的です。

まず行政が動き出す、という意味はとても大きいのです。

シニアがデジタルの社会に入るときに、二つの大きな心配があります。一つはどこからデジタルの世界に入るか、そしてその入り口づくりはどうするかということです。

二つ目は、せっかく始めたデジタルの社会で、ちょっとしたつまずきにどう対処したらいいか、という問題です。すなわち、デジタルに入る取っかかりづくりと、途中での挫折をどう防ぐかということです。

今や、ガラケーからスマホへの切り替えは、デジタル世界への最大の取っかかりとなっています。

しかし、どのスマホを買えばいいのか、またどういう契約をすればいいのかなど、初心者にとって非常に高いハードルがあります。

また、せっかく始めたにもかかわらず、ちょっとしたことにつまずきを覚え、やはり自分には無理か、という気持ちになってしまう人たちに対して、ちょっとしたアドバイスができる存在が近くにいることがとても重要なことになります。

そういった存在の人、**「デジタル活用支援員」**が圧倒的に不足しているのが現状です。少しでもデジタルを使える方は、もうこの支援員の要員なのです。

期待されるデジタル支援員

総務省は2019年に、すべての人がデジタルを活用する「デジタル活用共生社会」づくりを提唱しました。その中には当然シニアも念頭に置かれています。そのときに、私はシニアの立場での話を総務省にさせていただきました。その中で、シニアに対してはその地域に密着した、何らかのデジタルをサポートする立場の人が必要であるとのことを申し上げました。

そして、地域住民の生活状況を把握し、デジタルに不慣れな高齢者が行政サービスから取り残されないよう、サポートする目的の「デジタル活用支援員」の構想が生まれ、鎌倉と島原でその第1回の実証事業が行われました。私はその2カ所で支援員育成のお手伝いをさせていただきました。

その後の実証事業を踏まえ、この5月に今回総務省から、「デジタル弱者」高齢者1000万人への講習の5年計画が発表になりました。

そこでの基本講座は、以下の内容になっています。

・スマホの電源の入れ方、ボタン操作
・電話のかけ方、カメラの使い方
・インターネットの使い方
・メールの使い方
・地図アプリの使い方
・LINEなどSNSの使い方

こういった方1000万人の講習というのは大変な作業となると思われますが、私どもの経験やノウハウが何か役立てばと思っております。

第2章

不安を取り除いて
デジタルにチャレンジする
いいシニアになろう

e-Senior

なぜ生まれる、デジタルデバイドシニア

「デジタルシニア」という言葉があります。スマートフォンやパソコンなどのデジタル機器を使いこなし、インターネットを通じたコミュニケーション能力に秀でている高齢者のことをいいます。

一方で、こういったデジタル機器をまったく使わない、あるいは使えないシニアのことは「デジタルデバイドシニア」と呼ばれています。デジタルの世界から無縁なシニアというわけです。

今や、日本国全体のデジタル化が急速に進められようとしており、シニアもその例外ではありません。デジタルデバイドシニアをいかになくし、多くのシニアがデジタル社会の中での新しい生き方をつくり出せるかが、大きな社会的な課題となっています。

65歳以上の高齢者が人口の3割になろうとしている現在、こういった方々のデジタル活用が高齢化社会の大きなキーポイントとなることは間違いありません。

今まで「高齢者がデジタル技術を使えないのは仕方ない」と言われてきました。しかし、私はそうでないと思っています。最近のデジタル技術ほど使いやすいものはありません。

では、どうしたらデジタルデバイドシニアをなくせるのでしょうか。

デジタルを使わない、デジタル機器を積極的に活用しないといったシニアには、程度の違いこそありますが世界共通の現象があります。

その第一の理由が、高齢者の多くがまだ「情報機器の必要性を感じない」というものです。そして次に大きな理由が「使い方がわからない、だから使わない」というもので、これらは逆に**「必要性を感じ、使い方がわかれば使いたいと思う」**につながると解釈することができるのではないでしょうか？

デジタルに詳しい、自信があると思っているシニアは本当に少ないのが現状です。デジタルが関わる業務、技術はとても広範でしかも進歩の速い領域ですので、ついていくのがとても大変な世界です。現役の頃、ＩＴが専門であった人でさえ、「しばらくＩＴの領域から離れると、キャッチアップが難しい」と言っています。

ですから、だんだんデジタルに対しての苦手意識が増大してきます。

しかし、気にすることはありません。ちょっとした努力で立派なデジタルシニアとなれるのです。

デジタルで従来以上の高齢者の生活を向上させる施策を提供することと、その活用のためのシニアに便利なアプリや機器の提供も、必要だと思われます。

こういったシニアたちに何かのきっかけとなればとの思いで、私はこの本でシニアの目線でのデジタルライフの必要性と楽しみ方をお伝えしたいと思います。

シニアが感じるデジタル5つの先入観

私のセミナーや講演会でも「何から始めたらいいのか」「何かあったらどうしたらいいのか」など、不安に思っている方の声を聞きます。

しかし、その多くは先入観にあります。そういった方の先入観を一つずつ見ていきましょう。

◎先入観その1「もう歳だから」

この言葉は何もデジタル活用に限ったことではなく、以前からシニアがよく使う言葉です。特に、体力的フレイル（虚弱性）を感じるようになると、今までできていたことができなくなることを自分で認識するためのその言い訳として、この言葉がつい出てしまうことが多いのではと感じます。

従来できていたことができなくなる、これには「もう歳だから」と感じても、まだやってないことにまで、「もう歳だから」と言うのはどうしてでしょうか？ やる前からあきらめているのは、それは「先入観」以外の何ものでもないのではないでしょうか？

新しいことを始めるのに不安はつきものです。新しいことにチャレンジする喜びを取り戻しましょう。

◎先入観その2「最新のデジタル技術は無理」

パソコン、スマホ、タブレットそしてインターネットなど、進歩の早いデジタル技術。たくさんのなじみのないカタカナ用語や横文字が毎日のように新聞や雑誌に出てきます。知らない言葉が出てくると、「最新のデジタル技術は自分にはどうしても無理」と思うのは当然です。これも先入観です。

デジタル技術には言葉から入るのでなく、**「まず触ってみる」「まず使ってみる」**から入るのが肝です。

私は「最先端技術ほど使いやすい」と思っています。使いやすく設計されているのが先端技術なのです。

iPadを使って楽しんでいる2歳の子どもは、一切何の専門用語も知らずに楽しんでいます。もう一度子どもに戻りましょう。

◎先入観その3「インターネットは怖い」

そうなのです、インターネットは怖いのです。目に見えない情報が急に目の前に突然出現したりします。そして他人の情報を盗んだり、騙したりするので触れたくないと思っているシニアをたくさん知っています。

しかし、インターネットだけでなく、人類はそれまでなかったことに接したときには、いつも大きな怖さと不安を感じてきました。チャプリンの映画『モダン・タイムス』しかりです。

人類は機械の便利さを理解し、安心・安全のルールをつくってそれを克服してきたのです。

インターネットは歴史も浅く、技術の変化速度も従来の革新技術に比べ速いので、対応が大変ですが、一方いろいろなレベルで活用ができるので、ある種のルールを守れば決して危険なものではないのです。

どんな社会活動でもルールがあります。そのルールを認識して安心・安全に対応するには、自分の実力以上の行動をしないことです。目に見えないものから身を守ることは、ITに限らず、自分自身の小さな努力の積み重ねで成しえていくものではないでしょうか？

インターネットが怖いのではなく、**インターネットをよく知らないこと**が怖さをつくり出しているのではないでしょうか？

◎先入観その4「どこから始めたらいいの？」「何かあったらどうしたらいいの？」

シニアにとってのデジタルとの出合いは学生時代ではなく、実社会に出てからです。ですから基礎的知識がまったく欠けているのは当然です。多くの皆さんが独学です。

しかし、「どうしたら始められる？・」の疑問をお持ちの方が非常に多いのです。それとともに、「もし何かあったらどうしよう」という不安で、始めることを躊躇《ちゅうちょ》される方もたくさんいます。

以前あったパソコン教室はかなり減少しました。その代わり比較的小規模グループでの勉強会、サロンといったものが多く見られます。興味を持っている同士の仲間の集まりです。こういった仲間との交流によっての情報の共有がとても大切なのです。ぜひ仲間を探すか、集めてください。

◎先入観その５「困った問題が起きた、やっぱり自分には無理かな」

この課題も同じです。専門家以外が何かを始めると必ず起きる問題です。いや、専門家でも起きる問題なのです。特にＩＴの分野は進歩速度が速いので、予測できないことが多いのです。

私もその連続でした。それを克服してきたのが仲間とのつながりです。困った問題を抱え込まず、知っていそうな人に聞いてみる。そして困っている人がいたら教えてあげる。すべてのことを知っている人はいません。ギブ&テイクの世界です。

e-Senior(いいシニア)になろう

日本が他の先進国に比べ、社会活動でのデジタル化が最も遅れていることは、コロナ禍で大きく報道されたことですが、その中にあってシニアのデジタル活用の遅れについてはあまり触れたものがありません。もともとシニアにはデジタルは無理という認識からかもしれません。

国の調査ではスマートフォンの所有率は、60代では65%、70代では35%ということで、私の年代の80代ではさらに低く約20%という報告があります。

私の住む川崎市の調査によると、川崎市のホームページへのアクセスの7割がスマホからということであり、スマホの存在が大きいことがわかります。また、川崎市では窓口でのキャッシュレス化を大幅に進めるという方針を決めています。今や、スマホの利用が生活の中心の存在になっているのです。

「もう歳だから」「最新技術は無理」「インターネットは怖い」などの先入観が解消されれば、どんなシニアも立派な「デジタルシニア」になれるのです。私はそういったシニアを「e-Senior」（いいシニア）と呼んでいます。

われわれシニアは学生時代にデジタルの話や、デジタル機器の実際の使い方について習ったことはないのです。まだ若いシニアでさえも「50歳からの手習い」です。今や80歳、90歳からの手習いの方もたくさんいるのです。ですから、「わからない」「怖い」と思うことは当然のことです。

私はこの20年以上、ITに不慣れで弱い方たちに、その楽しさと安心・安全を基本として勉強会やセミナーを開いてきました。その最高齢の生徒さんのお一人が、当時100歳で聖路加病院理事長の日野原重明先生でした。ワープロもパソコンも全然使ったことがなかった100歳が、iPadでe－Seniorとしてデビューしたのです。

e－Seniorという言葉は、私が推進している「シニアのデジタル活用」で新しいシニアライフにチャレンジしている方につけた名前です。

この本はデジタルの専門書ではありません。私も高齢者です。高齢者の目線でのデジタル入門ということで、デジタルに不安と期待をお持ちの方へ、少しでも役立つ話ができればと思います。

みんなでe－Seniorになりましょう。

第3章

まず使ってみる、シニアがデジタルでつながる世界

Ｚｏｏｍはシニアライフも変えた

コロナ禍で急速に注目されたのが、インターネットでのオンライン交流です。しかし、多くのシニアたちにとっては、急にオンラインでの交流をしようと言われても、それへの対応は決して簡単なものではないのです。

新型コロナウイルスが発生して、まず変わったことがビジネスのやり方です。従来のオフィスでの仕事がオンラインでの在宅業務主体になり、そのツールとしてのＺｏｏｍアプリの活用が、世界的に急増しました。

従来からＺｏｏｍはビジネスツールとして利用されていましたが、それはごく限られた企業や部門での利用でした。数々のウエブ会議システムが存在する中でＺｏｏｍが最も使われたのは、第一にＺｏｏｍのシステムがネット上で比較的簡単にネット会議を構築でき、また安定に軽く動くということであったようです。

しかし、シニア世代でZoomを知っている方はほぼ皆無でした。LINEが最も使われていたSNSでした。

私はZoomアプリの多用途性を聞いていましたので、新型コロナ発生の直後（2020年2月）にシニアがZoomを活用できるのかどうか、実証実験を始めました。

まず70歳以上で、かなりネット活用している方に声をかけ、参加者を募りました。Zoomを使った経験のない方ばかりでしたが、全国から20名を超える方の参加希望がありました。

とはいえ、Zoomを一般のシニアが使いこなせるか、どんな話題が出てくるのか、シニアライフの中にZoomが溶け込めるか、どんな技術的問題が出てくるのかなど、実験を始める前は心配がありました。

まず皆さんにZoomのアプリをダウンロードしてもらい、Zoomの勉強会を始めました。

人によってパソコン、iPhone、アンドロイドなど、使うデバイスの違いから、画像が出ない、音声が出ないなど、全員がZoomを使えるようになるまでの課題がいろいろ出てきました。

しかし、これらの課題の多くは参加者同士がお互いに教え合うなどして、1カ月後にはほぼ問題なく定期的なZoomミーティングが開かれるようになったのです。話題も、参加者同士の自己紹介、最近の巣ごもり生活で起きたことのあれこれなど、お互いの表情を見ながら話すことで笑いが絶えないおしゃべり会となり、大変盛り上がりました。

このシニアのZoom活用への対応をしたおかげで、シニアが抱える問題がはっきりし、デジタルに弱いシニアへの対応ノウハウができたのです。そして、それがシニアにも優しいZoom入門手引書の発行にもつながりました。

平均年齢75歳のシニアたちがコロナの先行きが見えない中、定期的にZoom

でつながり、近況報告やお誕生日会など、おしゃべりと笑いの中で楽しんでいる様子は、**リアルの世界での集まりを超えた**ものを感じました。

このシニアグループでの実証実験を踏まえて、その後シニアのＺｏｏｍ活用の指導を行った結果、多くのシニアの集まりでＺｏｏｍの活用が話題となり、その立ち上げ方、使い方などに関する問い合わせが多くあります。

また、このようなシニア仲間での最新のオンラインでの交流は、今までガラケーに固執していた人の多くがスマホに転換するきっかけになりました。

シニアによるシニアのための Zoom 手引書

『ゼロから始める Zoom の世界』

IoS

Internet of Seniors

2020.6

監修

一般社団法人アイオーシニアズジャパン

（IOSJ）

iosjsec@gmail.com

デジタルに慣れないシニア向けのZoomの手引書

コロナ禍前に活動していた多くのシニア仲間の活動がコロナで止まる中、Ｚｏｏｍによって多くの活動が復活しました。Ｚｏｏｍによるお互いの顔を見ながらの話は、画面越しという多少の不便さがあっても、人とのつながりのありがたさと安らぎを与えてくれました。

シニアがコロナという想定外の世界に入っても、**最新のデジタル技術を使って、新しいシニアライフを楽しめる**ことが可能であることが実証されたのです。

まずはスマホから始めよう

デジタルに不慣れな高齢者がどうしたらデジタルになじんでいけるのか、これは高齢者自身の抱える問題だけでなく、高齢者を抱えている家族からも多く出てくる疑問です。そして行政も課題として取り上げています。

今や、ほとんどのシニアはデジカメを持っています。そして通信手段として少なくとも、ガラケーは持っています。この二つは情報活用手段の基本的なものなのです。

ただもったいないのは、デジカメの中の写真、ガラケーの機能には活用の発展性がないことです。こういったシニアがデジタル活用へ進むには、まずスマホを持つことから始めることであると感じています。

しかし、「スマホは何に使うの？」という疑問がすぐに出てきます。

スマホのメイン画面に
並ぶアプリ

例えば、iPhoneには購入すると**18種類のアプリが最初から内蔵**されています。**すべて無償**で使えます。まずその中からご自身の日常生活で困っていること、やりたいことなど日常生活に密着したアプリを使います。

私の教室に参加するシニアの皆さんが興味を持って楽しんでいるアプリのベスト3は、**「カメラアプリ」「写真アプリ」「マップアプリ」**です。

特に、「カメラアプリ」はシニアにとってもまったく違和感がないばかりか、従来のデジカメではできなかったいろいろなテクニックが簡単にできるということで、すぐに虜《とりこ》になってしまいます。

最新のスマホの写真は、高級デジカメにも負けない画質機能を持っており、かなりの写真マニアも満足できるものです。

「写真アプリ」では、撮りためた写真が自動的に整理され、友達にもすぐに見せることができます。デジカメだとたくさんの写真が撮り残されていても、必要な写真を即座に取り出して見るには手数がかかります。

スマホでは撮影した場所や日取りで素早く検索でき、希望する写真をいつでもどこでも取り出せます。また、取り出した写真を拡大したり、メールに添付して遠くにいる友人たちにも即座に送ることができます。

「マップアプリ」は外出したときの必需品です。自分がこれから行きたい先を調べ、そこへの行き方も教えてくれます。自分がどこにいるかも簡単に示してくれますので徘徊《はいかい》老人になりません。また、目的地周辺の情報と連動しており、観光やグルメも手軽に楽しむことができます。

この3つのアプリを楽しむだけでも、スマホが単なる電話機ではないことを実感でき、シニアライフが楽しくなります。

スマホを使い慣れてくると、いろいろなアプリの活用がどんどん増え、とても楽しくなります。アプリの中には有償のものもありますが、まずは無償のアプリで十分楽しめます。

アプリはｉＰｈｏｎｅ場合は「Apple Store」から、アンドロイドの場合は「Google Pay」からダウンロードします。

ガラケーからスマホへのはじめの一歩

実際にガラケーからどのようにスマホに転換していけばいいのでしょうか。これはシニアにとって簡単なことではありません。

まず店に行ってスマホを見てみると、非常にたくさんの種類のスマホが目に映ります。どれをどう選んだらいいのか判断が難しく、店員の説明にも今まで聞き慣れない言葉が多く、理解できずに結局あきらめて戻ってきたシニアが驚くほど多いのが実態です。

スマホにはiPhone系とアンドロイド系のものがありますが、私は**シニアのスマホにはiPhone**を勧めています。

アンドロイド系は、対応機種の数も多く、アプリもたくさんの企業から出ており、大変魅力的ですが、一方で使い勝手とセキュリティに課題も指摘されます。

ｉＰｈｏｎｅの場合、アップル社がスマホ本体とアプリの両方を一括管理しており、アプリ間の使い勝手にも一貫性があり、シニアにとってはより安心に使えます。

スマホに限らず、デジタル機器の販売について、販売店のシニアへの対応には、多くのシニアが不便を感じています。店員の説明が専門的で言葉が理解できない、契約条件が複雑でわかりにくい、などでの戸惑いが多く見られます。

間もなくガラケーのサービスがなくなり、多くのシニアがスマホに転換することになりますが、ぜひ販売する側の、デジタルに弱いシニアのための対応をしっかりお願いしたいものです。

スマホはシニアの命を守るコンピューター

これまでガラケーを使ってきた多くのシニアにスマホへの切り替えを勧めてきて

も、イマイチ機運が盛り上がってきていませんでしたが、このコロナ禍で、大きな変化が起きていることを感じます。

それは、増大する自然災害における行政の情報のデジタル提供により、身を守るための情報源の必要性を強く感じるようになったためではないでしょうか？

気候変動が原因とされる、予想を超えた突然の局地的大雨や洪水、相次ぐ台風の襲来など、身の回りの状況変化への対応が、特に一人暮らしの人に大きな不安と危機感をもたらしたのです。

長寿化がこれからも進み、孤立・孤独なシニアが増えると、これは大きな社会問題となっていきます。もちろん、テレビやラジオが情報を提供してくれますが、今や情報は細かく地域ごとに区分けされて提供されてきています。

それを利用できるかできないかが身の安全に直結しているのです。テレビは大きな区域での状況は教えてくれますが、自分が実際に住んでいる地域でどうなっているかはわかりません。近くにある防災スピーカーは何か言っていますが、雨や風でまったく聞こえないのです。

この状況を救ってくれる**唯一の手段がインターネット**なのです。そしてそれを見る最も身近な道具がスマホなのです。

すでに多くの自治体がインターネットのホームページやＬＩＮＥで、地元の災害状況や避難指示などの情報を刻々と提供するようになっています。これらの情報を受け取れるかどうかで、身の安全に関する安心度合いも大きく変わります。

実際に、高齢化が進む神奈川県のＫ市では、相次ぐ台風を体験し、急遽スマホに切り替える高齢者が増えているという事例があります。

その地区で同じような危機感を持つ人たちが共に助け合えば、今まで進まなかったシニア仲間の活用にも大きな変化が期待できるのです。

デジタルでつくるシニアのビジネス

高齢化の現在では、「人生二毛作」といわれるように、定年までの仕事が終わってもまだまだ残された人生が長いとなると、もうひと仕事ができるのです。

その中で最近、やはり個人事業主として、自分で仕事を始めたいという人が急増しています。かっての私もその一人で、20年前にリタイアしたあと、すぐに個人事業主として仕事を始めました（詳しくは第6章）。

長年の会社生活から離れた個人事業主はそれなりの苦労が多いものです。私の場合、現役時代の仕事にこだわるのではなく、まったく新しい仕事にチャレンジすることになりましたが、やはり過去の仕事の中で得た知識経験がないと、新しい事業はなかなか難しい面もありました。しかし、それ以上に未知の世界を見る感動にワクワク感を覚えることができました。

一方、個人事業主は一人ですべてを賄《まかな》わないといけなく、私はそこで徹底したデジタルの活用、インターネットの活用をベースとした事業にしました。

部下なし、秘書なし、事務所なしのこの「3つのなし」が私の事業のもとでした。すべてはインターネットでできる範囲の仕事を基本にしました。

しかし、どのような仕事を始めるにしても、今やデジタル技術の活用を抜きにはどんな業務も始まりません。

したがって、まず事業を始める前にそれに必要なデジタル技術と最小限度のデジタル知識を勉強する必要があります。できたら、実際にリタイアするまでの間にその準備を済ませておくことが望まれます。

現在、個人や家族などでのビジネスを営む個人事業主は、約200万人いるといわれています。個人事業主としての仕事は気楽な面もあるのですが、一方まだまだそれを支える社会的な支援体制が整っているとは言えません。特に、海外の先進国に比べるとその差の大きさに愕然《がくぜん》とします。

個人事業主に登録・識別番号を付けるという政府の方針が出ました（日本経済新聞2021年4月6日付）。

補助金や税務効率化の一元管理に役立つということです。新型コロナ関係で家庭への給付金支給が混乱するというアナログの行政が問題視され、公的支援から漏れがちなフリーランスのような、多様な働き方に対応するための新たな番号制度で行政のデジタル化や効率化を図っていくということです。


コロナ対策では欧米の迅速な対応と、日本の著しい遅れが浮き彫りになりました。英国では納税情報から支援対象者を割り出して連絡し、要請があればすぐに給付金が振り込まれました。

米国も社会保障番号を持つ個人の銀行口座に、直接振り込む方式を取ったようです。日本はマイナンバーカードを健康保険証代わりに使うという、個人番号を行政サービスに活用する取り組みがようやく進み始めました。

企業には国税庁の法人番号がありますが、個人事業主を網羅できる仕組みはないのです。近年増えているフリーランスも、支援の網から漏れないようにすることが大きな課題です。この新制度も導入時に時間がかかること、副業の増加など多様化する働き方すべてに対応できるわけではないことなど、問題は残ります。

デジタル終活を考える

高齢者のデジタル活用を推進する一方で、忘れてはならないのが「デジタル終活」です。

「デジタル終活」のテーマで話をさせていただく機会も増えており、参加される方にはシニアだけでなく若い方、特に40～50代が多くなってきています。

ビジネスだけでなく、日常の生活の中にデジタルが入ってくると、その管理責任は個人が負うことになります。そこには**個人情報が満載**です。

しかし、デジタルにあまり詳しくない人にとって、その管理に責任を持つことは容易なことではありません。

さらに課題があります。もし使用者に何かあったとき、その人が扱っていた「デジタル情報」はどうなるのでしょうか？

「デジタル情報」は目に見えません。すべてがパソコン、スマホ、インターネットの中にあります。その情報を見るには、所有者本人であることの証明、すなわち本人確認の「ＩＤ」と「パスワード」が必要になります。

私の周辺のシニアで、かなりデジタルに精通している人たちに聞いてみたのですが、何かあったときのデジタルデータの管理をきちんと考えている方は、非常に少ないのが実状です。

そして、いろいろな事故も現実に増えているのです。

あるシニアの方が急死したのです。知人・友人にそのことと葬儀の連絡をと思ったのですが、連絡すべき人の名簿はコンピューターの中。ＩＤもパスワードも聞いておらず、かろうじて昔の友人の年賀状から何人かを選んで、その方たちから連絡をしてもらったそうです。

さらに、銀行口座や個人的資産の情報管理は亡くなったご主人の仕事で、それがどうなっているか、家族の誰にも知らされていなかったのです。すべてのデジタル情報が見ることができず、家族は大変苦労されたのです。

デジタル化をし始めても、そのデジタルをどう閉じるかについての関心はまだ小さいのですが、誰にでも必ずくる問題です。ぜひ元気でいるときにこそ、デジタル終活について考えておいてください。

デジタル終活の二つの方向性

デジタル終活におけるデータの扱いには、大きく二つの考え方があります。

「何かあったときには必ず消すべきデジタル情報」と**「死後の管理に必ず残すべき必要なデジタル情報」**です。

「何かあったときには必ず消すべきデジタル情報」には、趣味に関する記録などがありますが、皆さん忘れがちなのがＦａｃｅｂｏｏｋ、ＹｏｕＴｕｂｅなどのＳＮＳ上にあるデジタル情報です。

これらには本人のたくさんの個人情報だけでなく、ほかの人の個人情報も含まれています。また、登録されている有償のアプリは、その手続きを解消しない限りずっと課金が続きます。

「死後の管理に必ず残すべき必要なデジタル情報」には、相続などに必要な情報、例えば動産、不動産、預金などに関する情報などがあります。

使っているＳＮＳのアプリの死後の閉じ方については、事前にそのアプリの供給元から確認し、相続人に伝わるようにしておくことも大切です。

第4章

デジタル苦手を一気に克服できる勉強会や講座に参加してみよう

デジタルが苦手でも大丈夫

今までたくさんのデジタル苦手の方にお目にかかってきました。またそういった方々を支援されている方とも、いろいろ意見交換してきました。同じ高齢者が相手とはいえ、どうしてこんなに違うのかという気持ちになります。

私が最初にシニアを対象にデジタルを教えることになったのは、1990年代の後半でした。スマホやタブレットはまだなく、やっとノートパソコンが出始めて、一人一台のパソコンが普及し始めた頃で、参加者の皆さんはほとんどパソコンの知識は持っていませんでした。

その頃は購入したパソコンにウイルスバスターなどといったセキュリティソフトは組み込まれておらず、まず「ウイルス」への注意の話をしたのですが、参加者から「先生！　パソコンを使ったら必ず手を洗う必要がありますか？」と真面目に質問された思い出があります。
しかし、熱心にパソコンの勉強会に続けて参加された方は、年齢に関係なく友達になり、お互いの新しい世界を楽しまれたのでした。

スマホやタブレットでネットの使い方を覚えるのもまったく同じです。**勉強会や講座に参加するのが一番の近道**です。

どこの勉強会や講習会でも、参加者の年齢的な分布は60代から90代までと広範囲にわたります。しかし、多くの集まりで共通するのは、参加者に女性

シニアのデジタル活用講習会には、大勢の方の参加がありました

が多いことです。そして、女性のほうが積極的で、教室を賑やかにします。もちろん、男性にも積極的な方はいますが、男性の場合、何か仕事上の関係での技術の習得、といったことを参加目的にして来られる方が多く見られます。

私のスマホ教室には、認知症の方も参加され、失われていく認知機能をスマホやタブレットで補って通常の生活を楽しんでいます。

いずれにせよ、せっかく興味を持って参加される方なら、途中で挫折せずに「デジタルフレンドリー」なシニアになっていただきたいと願っています。

自分のインターネット活用レベルを知ろう

パソコン教室やスマホサロンなどを開催すると、いろいろなレベルの方が参加されますが、初めて参加される方がどのようなレベルのデジタル知識をお持ちかわかりません。それは参加される方ご自身も同様です。

そこでわれわれは、シニアのインターネットを使えるレベル「ＩｏＳレベル」（一般社団法人アイオーシニアズジャパン「ＩｏＳＪ」が独自に定義した、シニアのインターネット活用レベル）をわかりやすく定義して共有化しています。

「インターネットを使わない・または使えない」レベルを「レベル０」として、インターネットで「世界中の仲間の経験、智恵を活かして新しい社会を創ることに繋がっている」レベルを最高の「レベル５」として、各レベルの達成度

インターネット活用レベル（IOS レベル）

一般社団法人アイオーシニアズジャパン作成

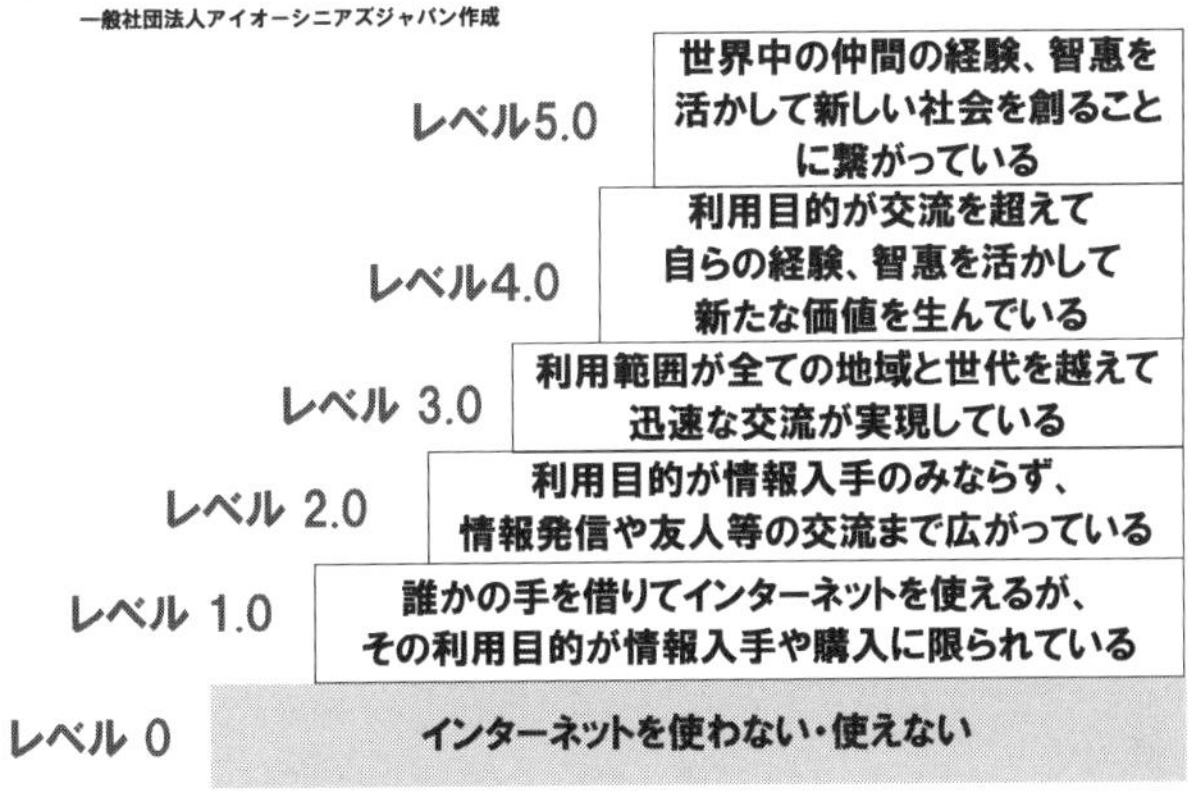

レベル5.0
世界中の仲間の経験、智恵を活かして新しい社会を創ることに繋がっている
レベル4.0
利用目的が交流を超えて自らの経験、智恵を活かして新たな価値を生んでいる
レベル 3.0
利用範囲が全ての地域と世代を越えて迅速な交流が実現している
レベル 2.0
利用目的が情報入手のみならず、情報発信や友人等の交流まで広がっている
レベル 1.0
誰かの手を借りてインターネットを使えるが、その利用目的が情報入手や購入に限られている
レベル 0
インターネットを使わない・使えない

最初の一歩は、自分の IoS レベルを知ることから

IoS とは Internet of Seniors® の略

を示したのです。

これによって、参加される方のレベルを知ることができるとともに、参加者は次の目標レベルを認識して、それに向かって勉強することになります。具体的目標があることで、自身の励みにもなっていきます。最高レベルまでいかないまでも、「レベル4」まではいってほしいとの思いでいます。

また、教室などでは、初心レベルの方と、レベルの高い方とが隣り合わせで座り、お互いに助け合って勉強できるような配慮もしています。

習うときに知っておきたい10の心得

初めてのことを勉強するには、いくつかのポイントを事前に知っておくと効率のいい学習ができます。ここではその主要なポイントを10にまとめてみました。

◎その1　自分の知りたいこと、興味あることから始めよう

パソコン、タブレットを持つようになると、とかくあれもやりたい、これもやりたいと思うようになります。友人の使っているアプリも気になります。しかし、**決して急がない**ことです。まず大事なことは**自分が必要とする、最小限のことに、徹底的に集中**してください。そして黙っていてもそれに手が自然に動くようにしてください。

それができるようになってから、次に進むようにしましょう。

自分が興味あることに関することにのみ絞って知り、そしてまずはそれを使いこなすことです。

◎その2　理屈はあとから、まずやってみよう

とかく新しいことを始めるときに、多くの方はまず頭で覚えようとします。

・iPadを購入したものの、箱を開けて使おうと思ったら「取り扱い説明書がな

い」とビックリして、買ったときの箱に入ったままのｉＰａｄを教室に持ってこられた方は一人や二人ではありません。中には、「アメリカ製は不親切だ」と言う人もいました。

パソコンではある程度の原理や原則を勉強しないとキーボードも使えないといったことで、そのための取説や参考書も多くありましたが、最近のデジタル機器にはそういったものはありません。

その代わり、インターネット上での検索で必要な情報を得ることができます。したがって、まず実際のデジタル機器に触ってみるところから始まります。最新の電子機器は使い勝手がよく、**マニュアルがなくても大半のことができる**ように、デザインされているのです。理屈はあとからになります。

高齢者にはなかなかそれになじめない方が多いのですが、「一度赤ちゃんになってください。赤ちゃんは説明書なしでどんどん使っていますよ」と言っています。

昔から「習うより慣れろ」ということわざがありますが、デジタルの世界についてはまさにこの言葉が当てはまります。

◎その3　隣の人を気にせず、あくまで無理せずマイペースでやろう

教室やサロンで勉強会をやっていると、とかく心配になるのは自分と他の人との進展の差ではないでしょうか。同じ新しいことを習っても、飲み込みの早い人と、そうでない人の存在は必ずあります。

しかし、それは絶対に気にしないことです。シニアが初めて経験することです。個人差が大きいのは当然のことです。他の人でどんどん進む人がいても、「自分は自分」と割り切っていきましょう。

「ウサギとカメ」です。最後はカメが勝つのです。

◎その4　わからないことはその場で聞こう。わかるまで同じ質問をしよう

「もの忘れはシニアの特技」といわれるように、歳とともに記憶力が落ちるのは仕方ありません。しかしそれを放っておくことはもっと状況を悪くします。

教室での勉強時間は限られています。何か疑問やわからないことがあれば、す

ぐにその場で聞いて確認しましょう。「あとで聞こう」では間違いなく聞くべきことを忘れてしまいます。

他人のことを気にすることはありません。同じ質問を何回しても構いません。わかるまで聞きましょう。いい先生といい教室は快く受け入れてくれます。

◎その5　仲間をつくり助け合おう

教室で習ったことを家に戻って再現しようとしたときに、それがうまくできない、といった相談が結構多いのです。そのときにちょっと相談できる仲間がいると心強いものです。

せっかく教室で友達になったのですから、教室を離れても助け合える仲間であると、勉強がいちだんと楽しくなると思います。仲間同士がネットでつながり助け合えることは、最も効果的な勉強方法となります。

◎その6　習ったことは何回もやってみよう

シニアの生徒さんとの話で出てくるのが、「ちょっとしばらく使ってないと、また使えなくなってしまう」という言葉です。一度は覚えたつもりの操作方法も、手が動かなくなってしまうのです。

よく「60の手習い」とかいいますが、歳を取ってからの勉強は「手習い」が主体です。教室で聞いたことは何回も繰り返すことで、やっと身につくのです。

◎その7　覚えたことは人に教えてみよう

大切なのは、得た知識や経験が本当に身についているかどうかの検証です。その一番手っ取り早い検証方法は、他の人に教えてみることです。

人に教えることで、自分がまだ不足している知識や経験を見つけ出すことができ、新たな勉強の課題が生まれ、自分自身の向上につながります。

◎その8　安心・安全のデジタル活用は自己責任で

インターネットは不特定多数の人たちが瞬間的につながる社会です。とても便利な世界ですが、一方でとても危険な世界でもあるのです。実際にいろいろな事件が報じられています。ですから、「インターネットは怖い」と躊躇されている方もいるのが実態です。

しかし、そういったことはデジタルの世界だけの話ではないのです。ただデジタルの世界は歴史が新しいので、その認識に大きなばらつきがあるのです。

一番大切な認識は、デジタル社会での安心・安全の責任は「自己責任で」ということです。デジタル初心者が「自己責任」と言われても戸惑うでしょうが、まずその認識が大切なのです。

よく教室である事例ですが、実際にお持ちになっている、スマホやタブレットのＯＳのバージョンの更新や、使っているアプリの登録ＩＤやパスワードをご存じない方が多いことに驚かされます。その多くが、「息子や娘に任せている」ということです。

そして、子どもたちと離れたところに暮らしているため、古いバージョンのまま長い間使っている方が多いのです。実はこれが一番怖いことなのです。

私の教室では、その日の授業を始めるときに、必ず持ってきているスマホやタブレットの**OSのバージョンの確認**と使っている**アプリが最新のバージョンのものになっているかを確認**してもらっています。これを繰り返すことで、最低限の危機管理の意識を持つことができます。その上で、インターネット上で起きているトラブルに関する事例などを提供し、注意を喚起しています。

SNSなどの利用も自分の実力以上のことはできるだけしないようにしましょう。また覚えのないことへの対応は、まずは**ひと息入れてゆっくり考えてから行動**するようにしましょう。

◎その9　デジタルレベルアップの次の目標をつくろう

ここで示してきたいくつかのことが守られれば、あなたは「インターネット活用レベル」（P63）を上げることができ、「デジタル支援員」（P25）としても活躍できるようになります。そのとき、あなたはもはやデジタルデバイドシニアではなく、立派な「デジタルフレンドリーシニア」です。

いよいよ国を挙げてのデジタル社会が生まれようとしています。シニアもデジタルを活用して、今まではできなかった新しい高齢化社会の先駆者になりましょう。皆さんの目の前にはたくさんのワクワクが待っています。

◎その10　情報を発信してみよう

インターネットの世界は、世代や地域を超えた交流の世界です。たくさんの方が参加しており、いろいろな人を知ることができ、さまざまなことを学ぶことができます。インターネットに慣れてきたら、ぜひインターネットを通じてご自身の情報を発信してみてください。

Facebook、YouTubeなど多くのSNSがありますが、自分のなじみやすいもので発信してみましょう。「いいね！」がついたり、コメントが来たり、今までとは違った仲間が増えます。ネット上では孤独や孤立にはなりません。

第5章

知っておきたい、シニアライフを支える最先端デジタル技術

現実のスマホやタブレットのシニア対応がどうなっているか、そしてこの先のシニアライフへの方向性について最近の動向を見ていきましょう。

しかし、進歩のスピードが非常に速いので、すべての情報を把握することより、これからのシニアデジタルライフに必要になりそうなことや楽しめそうなことについて、興味を持っていただければと思います。

スマホで健康を管理する

高齢化とともに増大するのがシニアの健康上の課題です。高齢者医療費の負担が年々増大し、国家財政上の大きな社会問題となっていますが、今後ますます高齢化が進むにつれ、いかに高齢者の未病を促進するかが問われます。

コロナ禍以前は多くの病院でシニアの患者があふれ、3時間待って3分の診療といわれていましたが、コロナ禍で病院へ行くことが制限され、健康も自己管理に任される部分が増大しました。

それに伴い、重大な疾患が見逃されることへの懸念が、シニアの大きな不安となってきたのです。

そこで今注目されているのが、デジタル技術を用いた**疾患の早期発見**へ向けて自分で対処することです。もしこれが実現すれば、通院の頻度が減り、それは医療費の抑制につながる効果も期待できます。疾患を抱える人も安心できるでしょう。

デジタルによる健康診断支援は、技術的にはまだ極めて初期の段階ですが、すでに一部実用化の段階にあります。


その中心となる技術がシニアの「スマホ」と**「スマートウォッチ」**を使った健康管理です。

スマートウォッチというのはまだ耳慣れない方も多いと思いますが、電子腕時計といわれるもので、時計としての機能だけでなく、スマホと連動して、身に着ける電子情報センサーとしての役割を担っています。

常時身に着けているスマートウォッチが体のデータをスマホに送り、スマホにある健康管理アプリで、疾患の状況を伝えるという仕組みです。

米国アップル社のスマートウォッチである「Apple Watch」では、心臓の心拍リズムの異常がわかったり、心電図を取ったりするアプリが家庭用医療機器として認可され、今年1月から日本でも利用できるようになりました。

体の状態の管理には、体温、心拍数、血圧、心電図、血中酸素、睡眠のチェックあるいはモニターというものがあり、

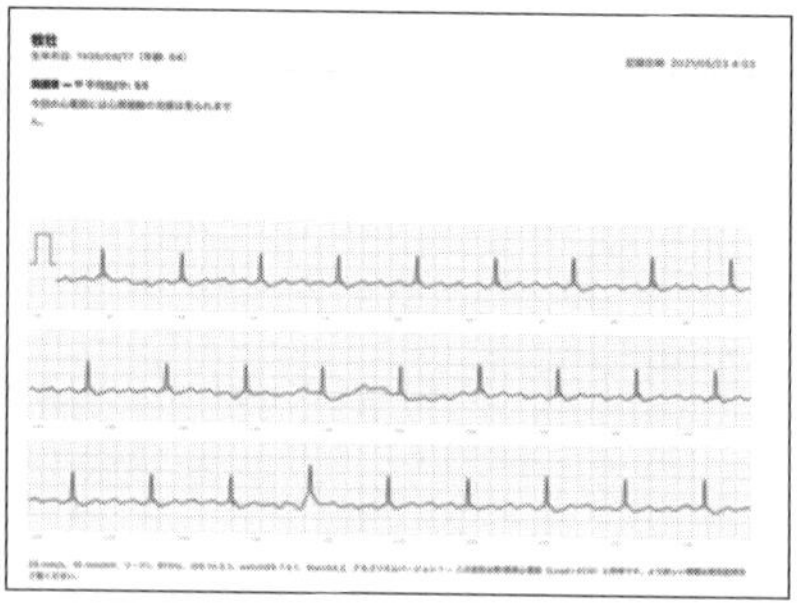

Apple Watchで測定された心電図はプリンターで印刷できます

健康管理用アプリとして毎日どのくらい歩いたか、歩数、消費カロリーなどの健康管理データを分析してもらうことも可能です。

運動や健康の状況をいつでもどこでもサポートしてもらえます。

ここでは、不整脈の一種である心房細動の早期発見に役立つ**「ヘルスケアアプリ」**について紹介します。私は長年心房細動を患っており、定期的に検診を受けていますが、日常どうなっているかはわからず、その状況を自分で確認できるのでとても重宝しています。

心電図はApple Watch（機種によって使えないものがあるので注意）のアプリを使って心臓の鼓動と心拍リズムを記録し、その記録内容から、不整脈の一種である心房細動が起きていないかどうかを調べることができます。

使い方は簡単です。iPhoneで「ヘルスケアアプリ」をインストールして開きます。あとは画面の案内に沿って操作します。

アメリカではこのアプリが承認されて以降、外来にはApple Watchから

iPhoneに転送された、心拍数などのさまざまなヘルスデータや、印刷された心電図を持参して相談に来る人が急激に増えたそうです。突然、動悸を感じたり胸の違和感を覚えたりした人が、その場でスマホで心電図情報の記録を取ることが可能となったのです。

アップル社ではこうしてApple WatchやiPhoneでの認知症の早期発見を目指す研究に着手しているので、今後デジタル技術での各種の疾患の早期発見に、大いに期待したいと思います。

まだ機能的には課題もあると思いますが、本人が意識しなくてもモニター

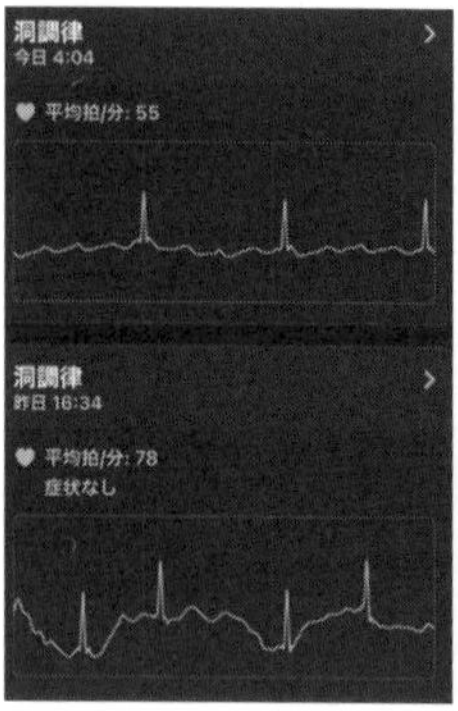

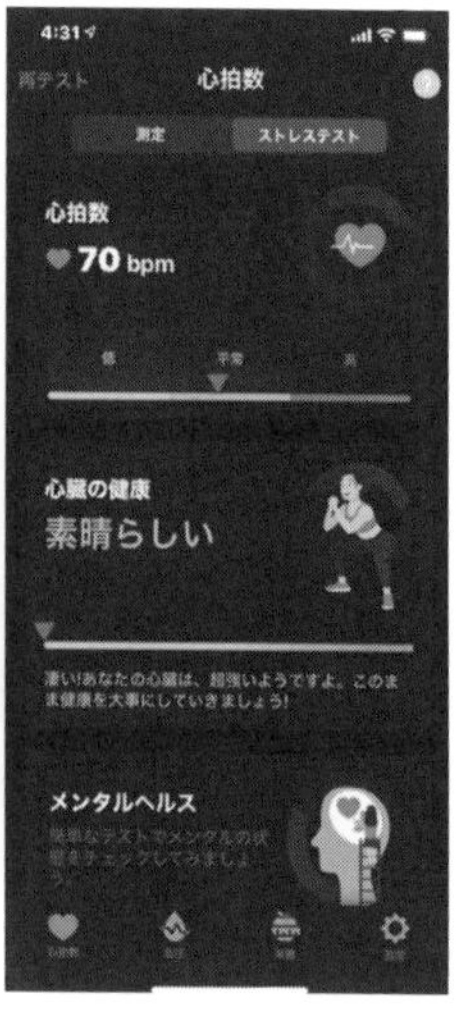

スマートウォッチとスマホアプリで、
多くの身体情報を見ることができます

してくれることは非常に心強いことで、今後の技術発展が期待されています。

一方で、専門医はアプリの有効性と限界をよく理解して活用してほしいとアドバイスをしています。それはスマホで得られる医療情報と、専用の医療機器での情報は測定原理の違いもあり、その差を認識しないと診断を誤ることがあるからです。

また、日本では慶應義塾大学医学部がデジタル診療に取り組んでおり、「医療とヘルスケアを接続する」という目標を掲げてApple Watchのデータをいかに医療につなげるかの研究を進めています。

通常、心電図のような医療機器は販売にも免許や資格が必要ですが、Apple Watch上ではデバイスとプログラムを切り分け、プログラムについてのみ医療機器申請をしています。したがって、専門医も情報だけをもとに健康状態を判断しないで、アプリケーションをあくまでも補助的に活用して、病院での適切な検査につなげていくということを勧めています。

Apple Watchは iPhoneの数あるアプリと連動して実用性も非常に高く、耐水性もあり水泳時や水の中の作業でも使えます。

運動不足の方、睡眠不足気味の方、あるいはデスクワークなど座りっぱなしの方には重要なメッセージをバイブレーションで伝え注意を促してくれるなど、いろいろな局面に役立ちます。転倒したとき「緊急SOS」信号を発進して救助を求めてくれるなど、まさにシニアの日常生活で起きる事故に対応したアプリも大変役に立ちます。

私も先日ゴルフで大きなダフリ（ボールではなく地面を叩いてしまうこと）をやったときに、Apple Watchに「転倒したのか?」と確認のメッセージが来ました。

常に身に着けて使えるスマートウォッチはたくさんの種類がありますが、多くのシニアが使っているApple Watchは、世界中の多くの医療機関が参加して、患者と専門医の間をつなぐ、貴重な存在として注目されています。

われわれシニアも率先して、この新しい技術の活用に関わっていきたいものです。

キャッシュレス決済の選び方

キャッシュレス決済サービスは多種多様あり複雑で、特にシニアにはわかりにくく、相変わらずキャッシュオンリーというシニアが多いのが現状です。

現役の頃、もっぱらクレジットカードで決済していても、80歳頃を機に一切のクレジットカードを解約したという方もいます。

主なキャッシュレス決済を分類すると、「スマホ決済」と「カード決済」に分類できます。

スマホ決済の中に**「QRコード／バーコード決済」**と**「非接触型決済」**と呼ばれるものがあります。**「おサイフケータイ」「Apple Pay」「Google Pay」**などが「非接触型決済」になります。

カード決済は歴史も長く「クレジットカード」「デビットカード」「プリペイドカード」があります。

シニアの多くの方も使い慣れておられると思いますが、クレジットカードは支払い後に口座から引き落とされる「後払いタイプ」、デビットカードは支払時に引き落とされる「即時払いタイプ」、プリペイドカードは事前にチャージしておく「先払いタイプ」という違いがあります。

カード決済にもタッチするだけで決済できる「非接触型」があり、例えば「Suica」や「nanaco」なら、モバイル型は「非接触型決済」、カード型は「プリペイドカード」に分類されることになります。

最近キャッシュレス決済の中で、もっとも話題になっているのが、大容量かつ高速読み取りが可能な2次元コードの「QRコード／バーコード決済」です。

QRコードは、もともとトヨタの生産方式である「かんばん」を、デンソーが電子化したものでした。それが現在では、インターネットとスマホに活用され、日本に限らず広く世界に普及したのです。

ＱＲコードの読み取りはｉＰｈｏｎｅのカメラ撮影で簡単にできます。また、アップルの**「ＱＲコードリーダー」**アプリを使って雑誌やパンフレットに印刷されているＱＲコードを読み取ると、読み取った過去の記録も残すことができるので、私はこのアプリをお勧めしたいと思います。

アプリを起動するとすぐにカメラが立ち上がりますので、少ない操作でＱＲコードの読み取りができるようになります。

キャッシュレスというと、もっぱら買い物のときの支払い方法と思われがちですが、例えば物を自宅から送る際にも、自宅でキャッシュレスでの支払いができるのです。Ｓｕｉｃａで宅急便での発送が完結します。

Ｓｕｉｃａ一枚で、電車やバスの乗り降り、日常の買い物そして玄関先での支払いも可能となれば、現金の必要性はほとんどなくなります。

カードのＳｕｉｃａのチャージは駅などでの専用の機械で行われますが、Ｓｕｉｃａを｢ｉＰｈｏｎｅ｣に搭載すれば、オンラインで銀行口座から直接チャージが可能となります。

特に、銀行や郵便局などが離れたところにしかない方にとっては、キャッシュレス時代の到来はこの上ない便利さです。高齢化とともに外出が困難になり、**キャッシュを持つことへの不安が増大することの解消**につながります。

しかし、長年現金での支払いに慣れてきたシニアにとっては、キャッシュレスにどう対応したらいいのか、ハードルは結構高いものがあるようです。

キャッシュレスが進み、多くのサービス会社が生まれてきました。キャッシュレスサービスの選び方として、まずはよく利用する店のキャッシュレスシステムに合わせることをお勧めします。

キャッシュレスのサービスには各社で違いがあり、慣れない方にとっては判断が難しいので、できたら最初は誰か身内の人に立ち会ってもらうといいでしょう。

カードでの決済は大変便利ではありますが、安易にカードを増やさないようにしましょう。生活上頻繁に決済がある取引を主なカードに絞ることで、キャッシュレスの管理がしやすくなります。

カードを登録したら必ず、カード番号と何かあったときの連絡電話番号を控えておきましょう。

「AI」は意外と身近な存在

最近の新聞紙上で「AI」に関する記事が載らない日がないほど、AIへの関心は高まる一方です。

「AIって何?」とのシニアからの質問も多いです。

AIに相当する日本語は「人工知能」ですが、これは決して新しい言葉ではなく、古くからあった言葉なのです。

人工知能の研究の歴史は1950年代に遡るといわれています。そして本格的に進展したのが2000年代に入ってからという極めて新しい研究とも言えます。

AIの定義にはっきりしたものはありませんが、あえて言うなら、「人工的に作られた、極めて人間的な知能」ではないでしょうか。


AIが世間的に注目されるようになったのは、ソフトバンクが2015年に感情を認識するAI搭載人型ロボット、Pepper（ペッパー）君の販売を始めたことによると思われます。当時大きな反響を呼びました。

ペッパー君の本体は「ロボット工学」からなるロボットですが、AIはペッパーの「頭脳」の部分です。ペッパー君には、感情を学習する機能が実装され、まるで感情を持っているかのように自ら行動したのです。


実は、ペッパー君が店頭に並ぶ前、2015年11月に川崎のわが家に来たのです。筑波大学の研究チームとの共同研究目的で、シニアの持っている知識を、遠隔地の子どもたちにペッパー君経由で教えるという実験を、わが家と筑波の大学間で行ったのでした。

実際に行ったのは、折り紙で鶴の折り方を教えるというものでした。知能ロボットがどう対応するかとても興味深い実験でした。

教えるのは元中学の理科の先生が川崎から。習うのが筑波の小学生。その間にあって作業を監視するのが2台のペッパー君です。

川崎のペッパー君は先生の側で先生の手元を見ながら、筑波のペッパー君は生徒の手元を見ながら、折り紙の作業が正しく伝えられたかを見ていたのです。川崎のペッパー君は筑波の大学から宅配便で送られてきたのです。

初めての遠隔実験でしたが、実験は大成功でした。

私がかねがねＡＩ技術に期待していたことの一つが、高齢化とともに失われていく人間の自然知能を、人工知能であるＡＩが補完していけないか、ということです。もちろん、知能には個人差がありますが、ＡＩの学習機能によって、その人が持っている知識・経験を取り込んだロボットができれば、かなりの失われた認知機能をカバーすることが可能ではないかと思っています。

すでにそれに向かっての研究も進められていますが、コロナ禍でさらに加速されているシニアの認知症を補完するＡＩの開発が急がれます。

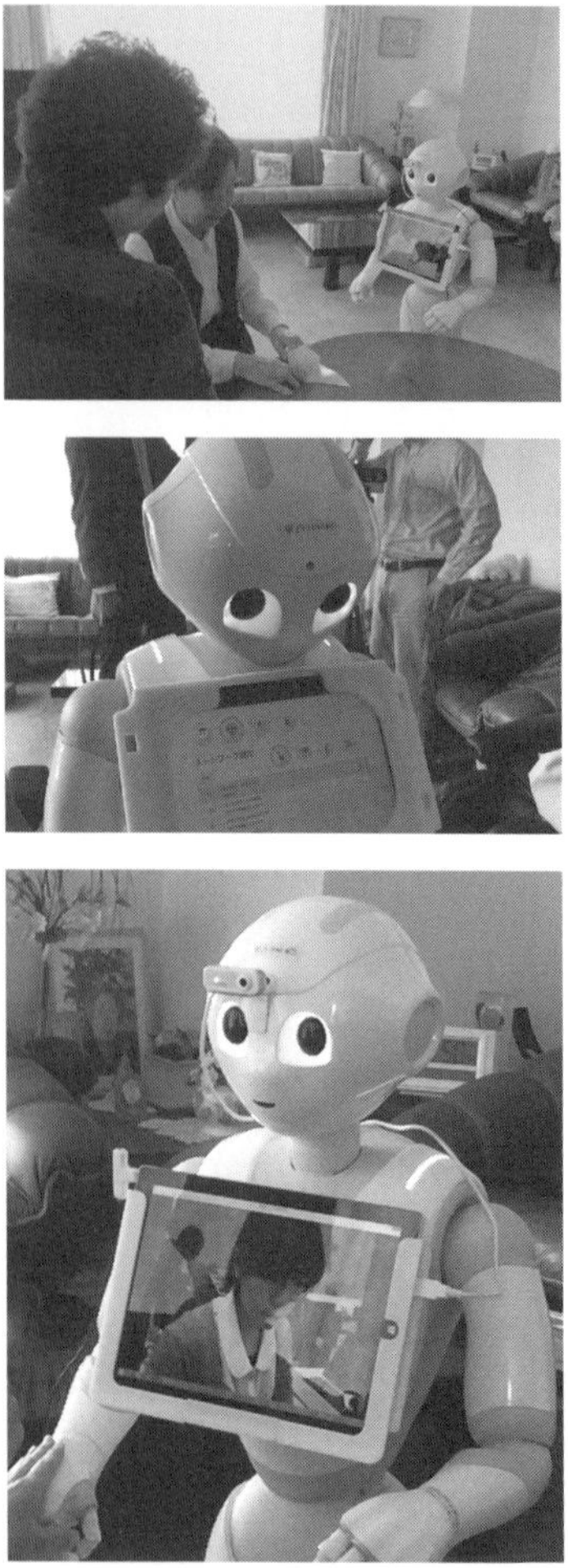

ペッパー君を介してのリモート授業。AIを搭載したロボットへの期待がますます膨らみます

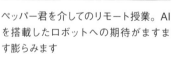

AIスピーカーはシニアの味方

最近はAIを活用したシニアフレンドリーな新しいツールが、シニアの世界で注目されています。

それが「AIスピーカー」です。

AIスピーカーは「スマートスピーカー」とも呼ばれていますが、人工知能が対応してくれる、「しゃべるスピーカー」です。**人の言葉を理解して、その指示に従って対応してくれる**ものです。AIスピーカーから最新のニュースを聞いたり、音楽をリクエストしたり。また、話し相手にもなってくれます。

例えば私は朝目覚めたら、ベッドの中からAIスピーカーに、「おはよう」と挨拶をして、その日の予定、天気などを聞いて、一日の行動を確認しています。ベッドの中から部屋の電灯、テレビのオンオフをAIスピーカーで行っています。

ＡＩスピーカーは本体を操作したり画面をタップしたりすることなく、話しかけるだけ。特別な訓練を必要とせず、音声で直感的に家電を扱うこともできるのが魅力です。一人暮らしで、誰も話し相手がいない人にとっては、孤立・孤独感の解消にも役立つのではないでしょうか。

ＡＩスピーカーの種類にはいくつかあります。

①Google Nest

グーグルのＡＩアシスタントで働くＡＩスピーカーです。「Ｇｏｏｇｌｅカレンダー」や「Ｇｏｏｇｌｅマップ」など、同社のアプリやサービスと連携しています。呼びかけは「ＯＫ！　グーグル」という言葉で始めますが、音声認識力が高く、個々の声を聞き分けて返答できます。何と呼んでほしいかを伝えれば、その呼び名で応対も可能。ＡＩスピーカーを家族で使用する方にもおすすめです。

② Amazon Echo

アマゾンがラインナップするスマートスピーカーをはじめとする各種のモデルに搭載されているＡＩスピーカーです。

「アレクサ、今日の天気教えて」といった具合に、「アレクサ＋操作内容」を話しかけるだけで自動的に操作が行われます。

「Amazon Prime Video」「Amazon Music Prime」「Ｋｉｎｄｌｅ」の読み上げ機能など、アマゾンのサービスを話しかけるだけで楽しめます。普段アマゾンのサービスをよく利用する人にうってつけです。

また、日用品が切れてしまったときなど、話しかけるだけで、アマゾンで注文できるので便利です。注文品の確認、配達状況も確認できます。

「Amazon Echo」は、スマートスピーカーの中で対応できる国内家電の数が随一です。憧れのスマートハウスを実現できる可能性が現時点で一番高い印象です。

③ＡＩアシスタント「Ｓｉｒｉ」

アップルから発売されている機器に搭載されている、話しかけるだけでさまざまな操作が可能なＡＩアシスタント機能です。

ｉＰｈｏｎｅやｉＰａｄ、ＭａｃＢｏｏｋなどに搭載されているので、アップルの商品を利用したことがある人なら一度は使ったことのある機能でしょう。ニュースを検索したり天気予報を聞いたり、「Hey Siri」声をかけるだけでさまざまな情報が得られます。

Ｓｉｒｉを搭載したスマートスピーカーを使用することで、ｉＰｈｏｎｅやｉＰａｄなどの遠隔操作や、Apple Musicを起動して音楽を流すこともできます。

例えばｉＰｈｏｎｅをどこかに置き忘れたような場合、ｉＰａｄを持っていると、ｉＰａｄのｓｉｒｉに「ｉＰｈｏｎｅ探して」と命令することで、ｉＰａｄの「探す」という機能がｉＰｈｏｎｅを見つけ、ｉＰｈｏｎｅから音を出してそのありかを教えてくれます。私も何回かお世話になりました。

「忘れ物」と「探し物」をＡＩが助ける

歳とともにいろいろなことが徐々にできなくなる中、増えるものがあります。「忘れ物」と「探し物」です。どこに置いたか思い出せず、探し物をすることが増えてきます。探す一回あたりの時間も長くなり、気分的にも落ち込みます。

そんなシニアの強い味方となってくれるのが、Ａｐｐｌｅから発売された「ＡｉｒＴａｇ」。これは丸いボタンのような形をしているもので、忘れ物や探し物を見つけ出してくれるのです。

ｉＰｈｏｎｅ、ｉＰａｄ、Apple Watchなどのアップル製品には標準として「探す」という機能のアプリがあり、その所在場所を地図上で示してくれますが、それと同じような機能を忘れがちなものに付けることで、探し物への対応がぐっとやさしくなります。

AirTagを鍵に付けたり、バッグに入れたりして、それをiPhoneなどの「探す」アプリが探し出してくれます。私はキーホルダーにAirTagを付けました。付けて一カ月経たないうちにお世話になりました。

このように最新のデジタル技術は、長寿とともに生じるさまざまなことをサポートしてくれます。これは従来のアナログ技術では不可能だったことです。デジタル活用時代は、多くのシニアにとっては極めてハードルの高いものには違いありません。だからといってもはや避けて通れない、新しい高齢化社会が始まっているのです。

キーホルダーに付けた
アップル社のAirTag

第6章

リタイア後の最大の仕事は自分を育てる「育自」

現役時代最大の仕事は、子どもを育てる「育児」です。

そしてリタイア後の最大の仕事は自分を育てる「育自」です。

わが身の予想外の長生きライフを支えてきたのは「シニアでのマイデジタルの歴史」です。自分が育ってきた道を振り返ってみて、これからの残された人生を思うのも、85歳の人生の区切りの一つではないでしょうか。

ラジオ少年パソコンおじさんになる

私は子どもの頃ラジオ少年でした。まず作ったのはまだ小学生の頃の鉱石ラジオでした。どうしても自分のラジオが欲しかったのです。すぐに鉱石ラジオは卒業してしまい、秋葉原のジャンク屋に通って中古の部品で真空管ラジオ作りに熱中しました。

電池での真空管ラジオから、再生式のラジオへ、そして5球スーパーラジオへと進化し、勉強部屋は作業部屋となったのでした。教科書は『初歩のラジオ』（誠文堂新光社）という雑誌でした。当時は街で売られているメーカー品のラジオより、自分で部品を集めて組むほうが安かったので、何台かご近所さんから頼まれてラジオを組んだことを覚えています。ちょっとしたアルバイトでした。ラジオの組み立ては、受験が始まり断念しました。

その後、自分で物を組み立てるということがあまりなかったのですが、突然再び秋葉原通いが始まったのです。それはパソコンの自作でした。パソコンが世の中に出て使い始めたのですが、その進歩が速くそれについていくためのパソコンの値段の高いこと。これをなんとかしなければということでパソコンの自作を考えたわけです。

ウィンドウズ95を契機に自作を決心し、毎日のように秋葉原に通いました。子どもの頃よく通っていた秋葉原の「ラジオデパート」の周辺は、パソコン部品の店が軒並みになっていました。昔、ラジオの部品を買い集めに行った場所が、今度はパソコンの部品を買う場所になったのです。

ラジオ少年からパソコンおじさんへの転身に、自分でも笑いながら秋葉原を改めて探索しました。パソコンの自作でデジタルの基本を勉強することができましたが、それがさらにシニアライフの原点になるとは思っていませんでした。

アーリーリタイアメントという言葉に触発されて

私がリタイアしたあとの生活について、興味を持つようになったきっかけは、まだ定年まで何年かあるときでした。たまたまあるアメリカのビジネスマンと食事をした際に、「Mr. Makiよ、あなたはもう子育てが終わってるのなら、『アーリーリタイアメント』して、残された自分の人生を楽しんだらどうか?」と言われてのことでした。

「アーリーリタイアメント」とは、日本語では「早期退職」。今でこそ早期退職は多くの人が実践されていますが、私が「アーリーリタイアメント」という言葉を聞いたのはそのときが初めてであり、それを実践している人は私の周辺にはまったくいませんでした。

そのアメリカ人の友人はすでにフルタイムジョブをリタイアし、自分の船を持ちその船で生活しながら、普段はインターネットで仕事をしているとのことでした。そして世界を見聞しながら仕事をしていました。

私はそういった生き方に大変興味を持ったのですが、結果として「アーリーリタイアメント」はしませんでした。それでも退職後の生活を真剣に考える大きなきっかけとなりました。

私のシニアライフはインターネット活用のテレライフから

私が思っていたリタイア後の生活の一つが、定年後はどこか海外に住んでみようかと思ったことでした。海外は現役時代もかなり仕事で行ってはいたものの、それらは出張ベースで実際に海外に住んだ経験はありませんでした。ですから、リタイア後の体力・気力があるうちに、どこか海外に住んでみようという気になったのです。

しかし、ただ海外で暮らすというのではあまり意味がない、どうせなら海外で何かできることはないかと考えたものの、知らない土地で何かを始めるというのは大変なことです。

そこで私がたどり着いた考えは、「インターネットさえつながれば、どこにいようと条件は一緒」ということでした。

そして私はリタイア後63歳で、パソコンを2台持って、マレーシアのペナン島に行き、そこをベースにインターネットでできる仕事を始めたのです。当時のインターネットは電話回線の２Ｇレベルで、メール主体の情報交流。画像などの大きなデータは送れませんでしたが、それでも世界とつながるということで、ビジネス仲間は増えていったのでした。

海外でのネット主体での生活は快適でしたが、２０００年の当時、リタイア後63歳で、海外で生活するという人はほとんどいませんでした。しかも、インターネットでの仕事をという発想する人もいませんでした。多くの友人は、「どうして海外にまで行って仕事をするのか?」と心配してくれました。

私の仕事のテーマは、「情報化社会はますます便利で使いやすくなるはず」という確信を、「高齢化が進むと社会との接点がどんどん減っていくこと」への不安とどう融合させればいいかということ。このチャレンジを仕事にしました。

マレーシアは元イギリスの植民地でもあり、当時、多くの英国系のリタイアしたシニアが住んでいました。

ペナンにはすでに世界からたくさんの一流企業が進出していて、日本からも約120社が進出しておりました。そのためか、まずペナンの現地の方から聞かれたことは、「あなたはどこの会社の人か？」ということでした。

「いや、私はもうどこの会社の人間でもありません。リタイアして、ここで暮らすのです」と言ったら、「日本人にもそういう人がいるのか」と驚かれました。

シニア・オンラインビジネスの草分け

リタイア後のビジネスにはさまざまな制約があります。私の場合、リタイア後のシニアビジネスで決めたことは、以下の3点です。

・人は雇わず、すべて自分一人でできる範囲の仕事とすること

・大きな投資はしないこと

・仕事はスケールでなくスピードで

ということで、事務所は持たず、人は採用せず、ネットだけでできる仕事にしました。

私のペナンでの生活は今で言うところの100％在宅勤務、そして仕事は100％オンラインリモート。当時まだほとんどの仕事がアナログの時代、私の仕事のやり方は多くの皆さんから奇異に見られていたようでした。

しかし、海外の会社の多くがネットをフルに使っての、いわゆるオンライン

挑む
No.201 Challenge Next

牧《まき》 壮《たけし》さん［六七歳］

優雅で快適
ペナン島で過ごす
IT年金生活

少し早めに会社を退職し、第二の人生を海外で過ごす……。年金だけでそんな生活が実現する。大切なのは柔軟な考え方と万全な準備、そして情報技術の活用だ。

自分自身のために選んだ海外リタイアメントライフ

ペナンで始めたオンラインライフがマスコミで紹介されました

ビジネスで非常に効率のいい仕事を行っていました。

日本とのビジネスも、通常のコミュニケーションはインターネットで十分できていましたが、一つだけできなかったことがありました。それは「飲ミニケーション」。ネット上での会議では物事は決まらず、そのあとの飲み会で本音が出て大事な話が決まり、それに参加できないことはイコール、仕事の流れから外されるということを多く経験しました。

したがって、定期的に日本に戻ってきて、ビジネス仲間との飲み会に積極的に参加することが必要でした。まさにアナログとデジタルの使い分けでした。

飲ミニケーションをするもう一つの大きな理由は、日本でも異業種交流が盛んになってきたことです。多くの異業種交流が夜に行われていましたので、誘いにはできるだけ積極的に参加することにしていました。

互いに新しい人脈を探していたこともあり、話が大変弾みました。それまで関係が少なかった異業種の実態を知ることも興味あることでしたが、そこでいろいろな経験を有する方々と知り合えたことは、ビジネス上の大きな収穫となりました。もちろん、現役時代にもたくさんの方と出会いましたが、やはり多くは同業界あるいはその周辺の方に限られていました。

そういった異業種の方の中に、いまだにお付き合いが続いている方が多いのは、形にとらわれない好奇心旺盛の方が多かったからかもしれません。また、日本の国際化が叫ばれる中で、私のペナンでのオンラインでの仕事に対する興味を示す方が増えたのも大きな変化でした。

オンラインライフの楽しさは、何といっても**自由な時間が取れる**ということです。そして**無駄な時間が少ない**ことです。

その空いた時間で、日本ではできないことをたくさん経験させていただいたのでした。

75歳で後期高齢者と呼ばれて

私が13年海外にいて日本に戻ってきた理由の一つは、私自身が75歳を迎えるからでした。日本では年齢だけで一律管理することが続いていて、健康であろうとなかろうと75歳以上を後期高齢者と区分けして、健康保険をはじめ、高齢者のいろいろな仕組みが変わるのです。

私が日本に戻ることに対して、ペナンの友人たちが「なぜ日本に戻るのか」と聞くので、この制度のことを話したところ、皆けげんな顔をして、「シニアを年齢で一律に扱うことが理解できない」と言うばかりか、世界一高齢化率の高い日本の対策に対しての批判を受けることがたくさんありました。日本の高齢者問題への対処について世界から注目されていることを強く感じたものでした。

75歳（2011年）で戻ってきた日本は、高齢化社会ではなく、すでに超高齢者社会といわれるものになっていました。社会は光通信が広く普及し、これによる高速ネットワークでのインターネットを中心とした情報化社会が進んでいました。スマホ、タブレットがコンピューターに置き換わりつつあり、生活に密着した情報技術が育ちつつあったのです。そういった社会環境でしたが、海外に比べると特に高齢者のネットの活用について日本がまったく立ち遅れていることを実感したのです。いわゆるデジタルデバイドシニアが多く、シニアの情報技術の活用に対する関心もそれほど高いものを感じませんでした。

「すべてのシニアをインターネットでつなぐ」をテーマに

私自身がリタイア後海外で仕事ができたのも、**インターネットがあったおかげ**。

そこで、その成果をシニアの皆さんにお伝えし、リタイア後のシニアの生活の新しい生き方を提案していくことにしました。

デジタルの活用により、これまでのアナログ的な生活でできることの限界を超えて達成する、**シニアライフの可能性**を強く感じたからです。

私が提唱したのは、「すべてのシニアをインターネットでつなぐ」＝Internet of Seniors®「IoS」です。孤立・孤独で、つながりの薄いシニアをインターネットでつなげることで、孤立・孤独にさせず、**シニアが持っている知識・経験をもう一度社会に戻そう**という理念です。

このIoSの啓蒙とシニアのデジタル活用を推進するための、講演会、セミナーなどを実施してきました。

しかし、一般的な反応はイマイチで、「高齢化社会と情報化社会の融合」という理念の実現にはかなりの時間がかかるというのが実感でした。

社会の高齢化が進む中で、一方情報化社会も急速に進展するという、今まで人類が経験したことのない事態にどう対処するかに関しては、具体的に動いてる人はごく一部で、大きな社会パワーと言えるものではありませんでした。

正直言って私自身は、「すべてのシニアがインターネットにつながる世界」が広がるには、少なくともあと5年から10年はかかると思っていました。

コロナ禍はその感覚を一変させました。コロナ禍を経験し、社会全体が世界規模で変わろうとしているとき、とりわけ高齢者の情報活用に対する関心が、急速に高まってきています。

「IoS」がマスコミに取り上げられるとともに、数々のセミナー、講演会などを積極的に開催しました。

これはコロナ禍がわれわれにくれたプレゼントです。いよいよ高齢化社会のデジタル活用の時代が到来したのです。

第7章

人生における三毛作目はデジタルシニアの世界

よく聞かれる定年後の過ごし方の選択

私は定年後20年を超えて、いまだに追求し続けているテーマがあります。その間、内容とやり方はずいぶん変わってきましたが、その根幹は「高齢化社会」と「情報化社会」の融合ということです。

この二つは社会の大きな流れであり、しかも今後絶対に後戻りすることがない社会トレンドであると思っているからです。

最近、定年予備軍といわれる40代後半から50代の方から、定年後のこと、定年までの準備などの質問を受けることが多くなりました。

「定年後は定年になってから考えればいい」という過去の考えが大きく変化してきています。人生100歳時代ということでの意識変革でもあるようです。

そして私自身が啓発された、「アーリーリタイアメント」(第6章)の概念の浸透も大きな要因の一つです。

シニアの問題を議論するときに、いったいシニアは何歳からなのか、という話が必ず出てきます。「シニア」という言葉の中での議論では、高齢化社会の課題が解決しないのです。このシニアの定義をはっきりしないとその先へ話は進まないのですが、これについての決定な結論はいまだにありません。

一般的にはあるいは国際的には65歳以上がシニアで、日本では74歳までを前期高齢者、75歳以上が後期高齢者、90歳以上が超高齢者と定義しています。

しかし実態として年齢で区別すること自体が話をわずらわしくしている原因の一つなのです。何ができるか、どういうことに困っているかなど、そういうことでの定義をしっかりするべきではないでしょうか。

特にフレイルに関わること、認知症に関わることなど、個人差の大きいことの議論が盛んになりますが、今やシニアは75歳以上という通念が広がっています。

定年後の5大選択

われわれが若い頃思っていた定年後の過ごし方は、悠々自適な生活を楽しむという、いわゆる余生を楽しむというのが一般的でした。

孫たちに囲まれて一家で楽しく過ごすことが通常だと考えられていました。しかし、その後の少子高齢化社会への急速な展開は、家族が一緒に住むのではなく親と子どもの世帯を分けて住む、あるいは一人暮らしが通常になるという状況に大きく変化しました。

そういった背景の中で、多くの方の定年後の選択にも、大きな変化が生まれました。大きく分けるとは次のどれかになるようです。

1　まだ子どもに手がかかり、収入面でフルタイムの仕事をしたい

2　フルタイムでの仕事はもうしたくない。週に2〜3日の仕事ならしたい

3　今までの経験が生きるような仕事ならやってみたい

4　もう通勤時間のかかる仕事はしたくない。近所でできる仕事なら興味がある

5　収入は関係ない。ボランティアのような社会に役立つ仕事をしたい

これらの要望に対して実際に聞こえてくる声は、極めて悲観的なものが多いのです。ハローワークで紹介される仕事は、単純作業的なものが多く、あまり生産性のある仕事はなく、せっかくの経験や知識を生かせるものがないようです。

一方、労働力不足で、人集めに苦労している企業の話も聞こえてきます。日本は海外の企業と違って、終身雇用制が根幹にあり、すでに定年を迎えた世代は、会社人生がすべて、といった感じではなかったでしょうか。ですから定年を迎えて、初めて定年後の仕事を考える方がほとんどでした。

私の海外の友人たちの多くは、定年前に定年後やりたいことを決めて、そのための準備をし、早くそれができるときが来ないかと、ワクワクしながら定年を迎える人が多く、周辺の人たちにも定年を「おめでとう」と祝福されていました。日本では定年者に対しての「お疲れさまでした」という、ねぎらいの言葉こそあれ、「おめでとう」という言葉はあまり聞こえてきません。

よく言われることに、「仕事を探す人」と「人を探す企業」のミスマッチがあります。特にシニアの採用では**「何をしてきたか」でなく「何ができるか」**がポイントですが、自身の能力をどう説明できるかのスキルも大きな課題といえます。

中でも長年管理職だった方にとっては、以前の給与レベルと実際できることの乖離《かいり》に、自分自身を納得させられるかも大きな課題です。

私はこれを**「自分自身の棚卸し」**と呼んでいます。

リタイア後の社会での個人の価値は、現役時代の役職ではなく、その人が有している知識、能力、すなわち何ができるか、なのです。過去の名刺の肩書ではないのです。定年までに自分を別な観点から見直してみる必要があります。

もう一つの課題は、仕事の提供者と仕事を探している人との出会いの場の変化です。例えば、今までは地元での限られた範囲での仕事や業種ごとのアナログ的な方法での求人・求職関係の出会いでしたが、今からはオンラインベースでの仕事の選択が主流になると思われます。

要は、**デジタル活用がリタイア後の仕事の決め手**となるのです。

私が実践してきた、定年後13年のインターネットでのマレーシア・ペナンでの仕事は、典型的リモートビジネスで、顧客は日本、アメリカ、ヨーロッパでした。通常定年後に減っていくビジネス仲間たちが、逆にたくさん増えたのは、まったくインターネットのおかげです。

これからの15年、人生の三毛作目を考える

長寿社会により、最近よく人生は二毛作時代に入ったといわれます。すなわち、

二つの仕事を一生の間にやるということです。

私が社会に出たときは男性の平均寿命が65歳だったので、会社の定年は55歳という職場がほとんどでした。その後の10年間が定年後の自由な生活ということでした。ところが、今や平均寿命が80歳を超えました。定年後もうひと仕事できるというわけです。したがって、人生計画を根本的に変える必要が出てきました。

第一の仕事が終わったあとの第二の仕事をどうするか。これが今真剣に問われています。


私はもうすでにリタイア後20年を超えました。85歳の私は第三毛作目に入ってきています。一毛作が約40年、二毛作が約20年、今や人生100歳時代といわれており、もしそうだとすれば三毛作目が15年という人生計画です。

私の第一の仕事は会社のため、第二の仕事は「高齢社会と情報化社会の融合」でした。第三の仕事のテーマは何でしょうか?

三毛作に入った私自身の驚きは、私より若いシニアの方やこれから定年を迎える方にとっては、「当然の世界」になっていくでしょう。

皆さん、心の準備ができていますでしょうか？

コロナで奪われた「きょうよう」と「きょういく」

シニアにとって大事なことは「きょうよう」と「きょういく」であると友人に言われました。初めて聞いたとき「きょうよう」と「きょういく」は、てっきり「教養」と「教育」のことだと思いましたが、実は「今日用」と「今日行く」ということだと知りました。

あなたには「今日やるべき何かの用」と「今日どこか行くところ」がありますか？と問われたのです。

確かにリタイアした直後は、毎日が楽しく、充実した日々を送っていましたが、次第に歳を取るにつれ、「今日やることが何もない」、あるいは「今日行くところがどこにもない」という日が増えてくるのを実感している人が多いのではないでしょうか。

ところが突然のコロナ禍で、ステイホーム、密にならないようにということで、「今日行くところ」と「今日やること」が奪われてしまいました。今まで当然のごとく行われてきたことが、一気になくなってしまったわけです。

人とのつながりがいかに大切なことであるかを実感させられたコロナ禍ではなかったでしょうか。

朝目覚めてベッドの中で、「今日一日どう過ごそうか」と考える日々が増えたようだ、というシニアがインターネット上でも増加しました。

行くところがないから一日中家に閉じこもる。やることがないからテレビばかり見ている。こんな毎日が続き、奥様方から、「何か主人にやることを与えていただけませんでしょうか」と相談もされました。

彼女たちの最大のストレスは、夫たちの面倒を四六時中見なければならないこと。以前からもよく聞く話でしたが、コロナ禍はさらにそれを助長したのです。

聖路加国際病院の名誉院長だった故・日野原重明先生はこういった状況は認知症への道につながると指摘されていました。

それには**「毎日が楽しくワクワクする、何か新しいことを始めよう」**ということをいつも強く言われていたのです。

何か新しいことを始めて、このワクワク感を持てるかどうかこそ、三毛作目での大きなポイントなのです。あなたは何か始めていますか？

三毛作目はデジタルが主役の世界

皆さんが三毛作の世界を想像するときに、どういう社会を想像されるでしょうか。

私が今置かれている三毛作目の世界で、最も今までと違ってくるのが、アナログの世界からデジタルの世界への展開ではないでしょうか？

特に日本は「並びの世界」といわれるように、個人が前面に出るのではなく、人と人との協和が求められてきたのが長い歴史でした。教育もそうでした。したがって、人とちょっと違ったことをやると、往々にして何か問題が起こりがちだったのです。「出る杭は打たれる」というのも日本だけの表現です。

私が過ごした一毛作目時代は、戦争に負け何もなかった世界から、とにかく世界で生きていくための国づくりに、みんなですべての力を合わせた時代でした。ですから、個人の生活より、会社のための生活が優先されてきました。

その成果は戦後30年で日本を世界一の経済大国にしたのですが、一方で積み残したものもたくさんあったように思います。

日本の経済を支えてきた、戦後のベビブーマーが今72~74歳、すなわち後期高齢者になろうとしています。三毛作目の入り口です。

こういった年代の方のコロナ禍を経験したあとの三毛作目の世界は、どういった世界になろうとしているのでしょうか?

コロナ禍の後の世界はもう前と同じ世界には戻らないと誰もが感じていることでしょう。したがって、私を含め、多くのシニアたちが迎えるこれからの世界、すなわち三毛作目の世界は、まったく今までとは違う概念で計画していかねばならないのです。

これからの社会は、デジタルがベースにならざるを得ないと思います。スマホ、インターネットなどのデジタル技術は現在でも進歩してきていますが、現状それらがシニアにフレンドリーかどうかは大きな疑問です。

シニアもデジタル社会に生きていくためにはもっと自らのデジタル活用リテラシーを上げていく努力が必要ですが、最も大切なこととして、さらにシニアに使いやすい、シニア社会になじめるデジタル技術や環境をシニア自身が若手と共につくっていく必要性を強く感じています。

三毛作目の人生、すなわち終活にもなる人生を誰もがいずれ迎えることになります。ですから、他人事《ひとごと》ではないのです。

今までに前例のない社会をつくる話ですから、古いしきたりやしがらみはまったくありません。すべてが白紙からの状態でつくれます。

過去の自分にこだわらず未来が描けるかが三毛作の一番大きなポイントです。

世界一の高齢化社会になっている日本が、世界に向かって三毛作目の社会づくりの先進国家になるといいですね。

第8章

センテナリアン（百寿者）から学んだこと、志を継ぐこと

私が出会った3人のセンテナリアン

センテナリアン（百寿者）は年々増加し、2020年9月現在8万450人おり、女性が圧倒的に多い（88・2％）とのことです。

私が社会人になった頃、100歳以上は100人ちょっと超えたぐらいで、100歳まで生きる人生はまったく考えたこともなかったのです。

それが今や、人生100歳時代といわれるようになりました。

皆さんは今まで何人のセンテナリアンをご存じですか？

また、何人のセンテナリアンと話をされたことがありますか？

そして、ご自身100歳まで生きられそうでしょうか？

私には、皆さんもうすでに亡くなられておられますが、3人のセンテナリアンがいます。最高齢者は105歳で現役医師であった、聖路加国際病院名誉院長の日野原重明先生です。次は101歳で天寿をまっとうした私の実母です。そして3人目は100歳で亡くなられた、私の小学校時代の担任の先生です。

このお三方に接して100歳の生き方についていろいろお聞きする機会がありました。お三方とも共通するのは、自分が100歳まで生きるということに対して意識したことは、若い頃から一切なかったということでした。

日野原先生は病弱で、大学時代は結核で一年休学されたそうです。

母親からよく聞いたことに、戦争が激しくなり連日焼夷弾が落ちる中、当時1歳の弟を背負って逃げている途中、一発の焼夷弾が数メートル先に落ちたとのこと。「まったく幸いのことにそれが不発弾だったため助かった。あれが爆発していたら死んでいた」と話してくれたのです。

センテナリアンたちの共通の言葉

センテナリアンたちが共通に言う言葉があります。

それは「この歳になっても知らないこと、わからないことがたくさんあるということを知った」という言葉です。

日野原先生は100歳になられたときに、「自分が本当の自分を知らないでいた」ということを感じられたと、ご自身の著書の中で述べられています。

私の母も100歳になっても新聞を毎日丹念に読んでいました。あるときに新聞を見ながら、しみじみつぶやくように「この歳になって、まだ知らないことがいっぱいあるのよね」と言っていたのを何度か聞きました。

昔、私の小学校5～6年の担任だった先生も毎日、日本経済新聞を読んで、知らない言葉が出てくるとメモを取って調べている、ということでした。先生はパソコンもワープロも使えないと残念がっていましたが、「インターネット」ということにはとても興味をお持ちで、何かインターネットのことで知りたいことがあると手紙を送ってきました。

このように、私が接したセンテナリアンの皆さんの持っている**「もっと知りたい」という知識欲**には、とても驚かされました。

私は現在まだ85歳です。100歳までまだ15年あります。この15年をいかに充実したものにして、今まで知らなかったことを知るかの、大きなチャンスをもらったと思っています。

もし、100歳まで生きられたときには、私が100歳を大いにエンジョイした満足感とともに、まだ知らないことに、新しいチャレンジさせてくれたセンテナリアンの先輩に心から感謝したいと思います。

日野原先生の100歳からのデジタルライフ

私が出会った最高齢センテナリアンが聖路加国際病院理事長の日野原重明先生です。最初の出会いは先生が100歳のときでした。当時、毎月数回全国で講演していた先生がSNSについて知りたいということで私が呼ばれました。

先生はパソコンもワープロも使ったことのない、典型的なアナログ人間でした。その100歳の先生にどうデジタルをわかってもらえるか、先生が使えるデジタル機器は何かを考えました。

そこで、先生にはまずインターネットがどういったものであるかをご説明し、実際にタブレットであるiPadでFacebookを体験していただきました。iPadでの文字入力はキー操作ではなく、音声によって行い、先生にはいかに最近のデジタル機器がシニアにとっても使い勝手がいいものであるかをまず実感していただいたのです。

「おはようございます。日野原重明です」

iPadに向かっての日野原先生の最初の第一声はまったく文字認識されませんでした。先生の声が大きすぎたためでした。「先生！　そんなに大きな声でしゃべらないでください」と思わず言ってしまいました。

そして普通の声で「おはようございます。日野原重明です」と言ったところ、一文字の間違いもなく音声が文字となり、先生もびっくり。「これはシニアにも使える」ということで、iPadを使ってのご自身の原稿作成に挑戦されることにつながっていきました。

日野原先生が100歳でタブレットを使うというので、当時のタブレットの販売店にユーザー登録に行ったのですが、登録書類の登録者の年齢欄が二桁しかなく、100歳での登録ができなかった話は今でも語り草になっています。

先生は早速100歳で著者『日野原重明の「わくわくフェイスブックのすすめ」』（小学館101新書）を発刊されました。

100歳の先生がFacebookを始め、iPadを使っていることが伝わると、それに触発され90代のシニアたちがiPadとFacebookの勉強会に参加、そしてそれを見た、80代と70代も加わり、シニアのインターネット活用の勉強会が拡大しました。

多くのシニアの皆さんは最初は戸惑い、また家族から「インターネットは

100歳が始めたSNSは、多くのシニアに大きなインパクトを与えました

危険だから」とやめさせられたという方も少なくありませんでした。そこで、とにかくシニアが安心・安全に使えるインターネット活用ということを重点とした、シニア向けの教室を全国に広めたのでした。

日野原先生のデジタルライフは、それまでのアナログライフとの共存でした。普段はFacebookでつながっている日野原先生が主宰する「スマートシニア・アソシエーション（新老人の会）」のメンバーたちも、年に一回はリアルの世界にみんなで集まって先生の誕生祝い会が催されたのです。

先生が103歳のときのお誕生会には、ペッパー君というロボットが参加し壇上に登場、日野原先生との対話が始まりました。先生も突然のロボットの登場に大変驚かれ、「君はどうやってここへ来たの？」という質問に、ペッパー君が「宅配便で送られてきました」と答え、会場の皆さんから大喝采の一幕もありました。100歳者とロボットとの対話など世界でもあまり聞いたことはありません。

日野原先生は105歳で亡くなられ、先生を支援する全国組織「新老人の会」

は解散しましたが、Ｆａｃｅｂｏｏｋでつながっていたグループは、先生亡きあとも活動が続いています。そして先生が残された「人の生き方」の言葉は、連日ネット上に掲載され、数千人の方が今でもアクセスされているのです。

そして亡くなられるまでの5年間、私がリアルの場でのお付き合いや、ネット上でのお付き合いで日野原重明先生から教えられたことはたくさんありますが、その中で最大のことは、「命」というものについてのことでした。

先生からは、現役の医師として「私

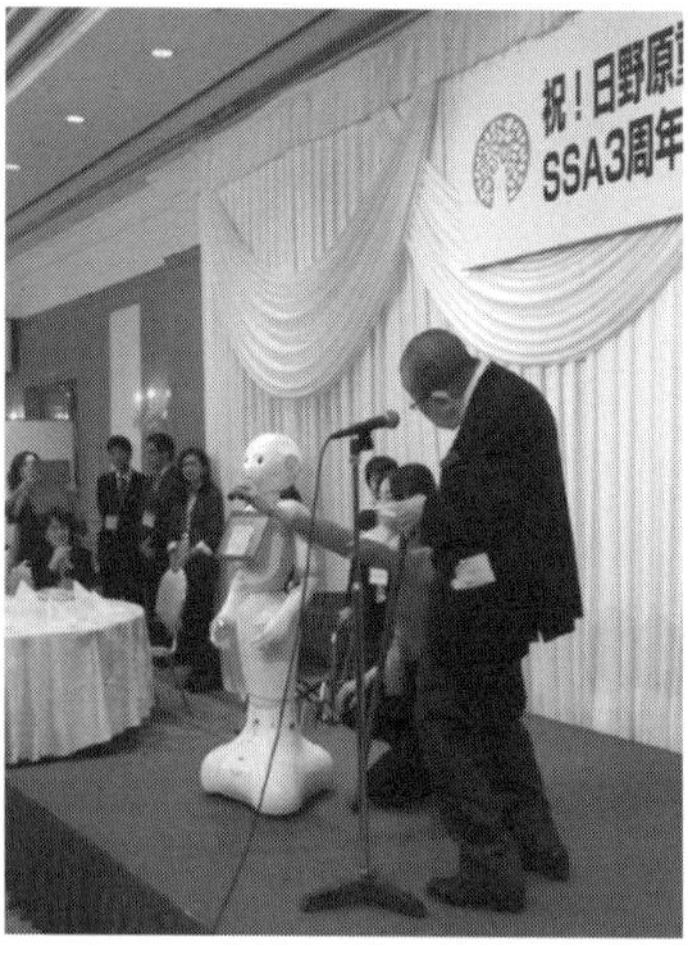

103歳のセンテナリアンとロボットの出合い

は何千人という人の死亡診断書を書いた」という話をお聞きしました。

戦時中の空襲などで亡くなられた大勢の人たち、地下鉄サリン事件の話、さらに過激派の若者たちに乗っ取られたよど号で北朝鮮に連れていかれたときの話など、ご自身の人生体験に基づいた命の話は、本当に心に響くものがありました。


先生は多くの講演で、「命」についての話をされておられました。「命とは自分に与えられた時間のこと」と、いかに命を大切に使うかを諭されました。

中でも一番印象的なのは、小学校4年生を対象にされた「命の授業」でした。

晩年、先生が最も力を入れて続けられていたことの一つでした。

先生は子どもたちに「命はどこにあるのか?」と問われ、子どもたちに聴診器を与えて自分の心臓の音を聞かせ、これは「心臓であって血液のポンプ、命というものは君たちが使える時間の中にあるのだよ」と教えられていました。

さらに「だから今、君たちは時間を自分のために使いなさい。そして大人になったら、その時間を他人のために使いなさい」と続けたのでした。

先生がお亡くなりになって子どもたちへの直接の授業はなくなりましたが、新老人の会の会員で、元教師だった藤原妙子さんが引き継がれて、小学生たちにこの「日野原先生の命の授業」を継続されています。

先生は、「死」については「新しい出発」とも言われていました。

先生に最後にお目にかかったのは、お亡くなりになる数週間前でした。先生はご自身の最期の場所に病院ではなくご自宅を選ばれ、延命治療はお受けになりませんでした。ご家族の話では、

日野原先生の命の授業を子どもたちに伝える藤原妙子先生

ご自身の死を覚悟されてから「死ぬのが怖い」と言われたときがあったそうですが、最後は「誰が迎えに来てくれるのか、キリストか、それとも誰か友達か。会うのが楽しみだ」と言われたそうです。

多くの人の命を助けてこられた先生だからこそ言える、ご自身の命への言葉は本当に心に響きます。

101歳の母からの言葉

私の母親は明治の生まれですが、男兄弟の中の女一人だったせいか、とても頑張り屋のしっかり者でした。その母が100歳を迎えたときに聞いてみたことが一つあります。「100年の人生でいろんな人に会ったと思うが、一番尊敬をしている人は誰?」と。

その答えは「自分の母親」でした。「自分を生んでくれたこと、そして教育を受けさせてくれたこと」というのがその理由でした。

母は女子大の英文科を卒業したのですが、当時、女子が大学に行くということ自体大変珍しいことでした。

大学まで進学したことに関しては、自分の母親から「女もこれからは学問を身に付けないといけない」と言われたこと、男の兄弟が勉強しているさまを近くで見て、一緒に机を並べていたことで、自然とそうなったのだと言っていました。

その当時の大学英文科の先生は皆外国人だったそうで、そのせいか母の英語の発音は日本人離れしていました。背が小さかった母はバスケットボールが好きで、試合では背の高い外国人の先生たちを相手に、身の軽さで勝負していたとよく言っていました。そのせいか、子どもの頃一緒に歩くとその速さに、一生懸命くっついていくのが大変だった思い出があります。

母は英文科を卒業したためか英語にはずっと興味を持ち続けていて、常に英和辞典を手元に置いていました。そして、知らない英語が出てくるとすぐに辞書を開いていました。

あるとき、「新聞にしょっちゅう『リストラ』という言葉が出てくるので、何の英語かと思って調べたら、『リストラクチャリング』ということだったのね」と笑っていました。カタカナ英語にどんどん和製英語が入ってきたのを、それが新しい英語だと思ったようでした。

母は3人の男の子を育てました。私はその真ん中で、兄弟3人の中で私が一番ほっておかれて育ったという感じがします。何か怒られたという記憶もなく、好き放題のことをやっていたようでした。一度も「勉強しなさい」と言われたことも記憶にありませんでした。

しかし、戦争のときの母の言葉のいくつかは記憶に鮮明に残っています。日増しに食料難で食べ物がなくなっていく中で、食べ頃の3人の子どもたちにどう食事を与えるか、一生懸命だった様子はいろいろ記憶があります。特に、ある日の夕食で、「ご飯のおかわりができるのは今日までで、明日からはありません」というひと言が当時7歳の子どもにも大きく響いて聞こえました。

そしてもう一つ、鮮明な記憶として残っている言葉があります。

それは昭和20年3月10日の東京大空襲のときのことです。私の家は世田谷の三軒茶屋の先の中里というところでした。その日は夜中のB-29の来襲で、私は1歳ちょっとだった弟と一緒に、家の床下の防空壕に入れられました。爆撃の音がどんどんひどくなり、近づいてくる様子は、防空壕の壁土が爆弾落下の地響きで少しずつ落ちてくることでもわかりました。

そのとき母から「お母さんはこれから近所の見守りに出るので、ここからは

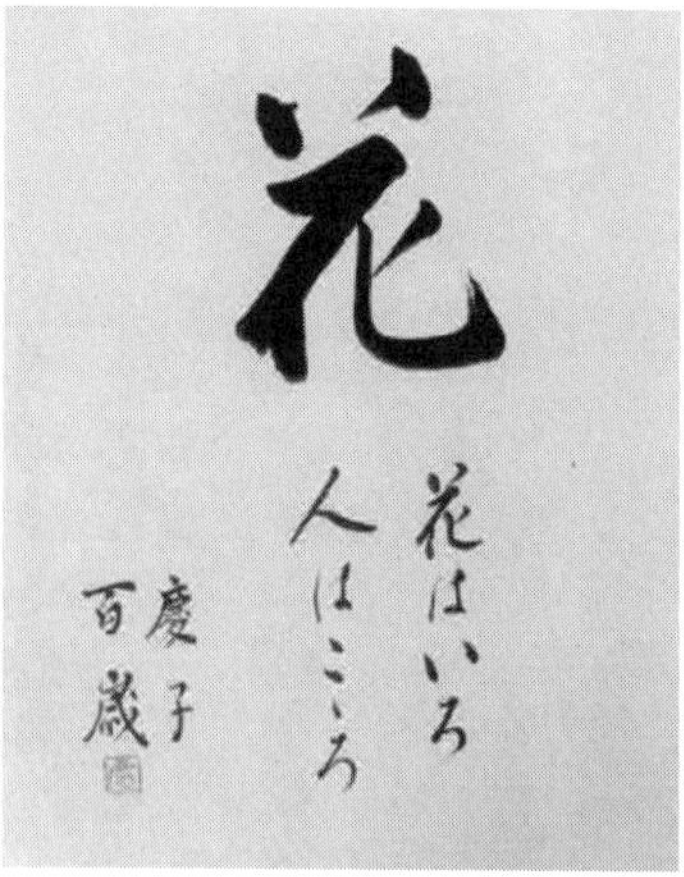

母、100歳春の自筆書

絶対に外に出ないこと。でももし家に火がついたらお母さんを探さず、自分で逃げなさい！」と言われました。この言葉は大変なことが起きつつあることを、子どもながらに感じさせられたことで、今でも耳から離れない言葉になっています。

母が亡くなったとき、ずっと手元に置いて使っていた英和辞典をお棺の中に入れ、天国まで持っていってもらいました。

小学校担任100歳の戦後教育の記録

私が小学校の5～6年生の2年間担任だった羽二生恵太郎先生は、100歳で亡くなられました。先生は佐渡のご出身で、定年後は佐渡に住んでいました。先生が97歳のとき佐渡を訪ね、先生から当時の教育についての苦労話を伺いました。

先生から習った当時（1948年頃）は、終戦直後でまだ教材もなく戦時教育から民主主義教育への移行のさなかで、特に私が通っていた師範学校付属は、教育の実験校だったためもあって、黒板に授業の時間表は書いてありましたが、その通りの授業はなかったように記憶しています。

いわゆる決まった教科書といったものがまだない状況で、「自分たちが知りたいことを自分たちで調べて、それをみんなに発表する」という形であったのです。教室の机も一律に前を向いていなく、数台の机が集まったグループが勝手な方向を向いていたり、教室の壁には子どもたちが調べたことを書いたケント紙がびっしり貼られていたりしました。

社会見学にも行きました。地元の新聞社の見学では、新聞ができるまでを知り、早速手作りの学級新聞を作りました。また銀行を見学し、そのあと「子ども銀行」を作って、お小遣いの預金も始めたのです。預金通帳も手作りです。

気象台の見学後には、校庭に百葉箱まがいの箱を置き、毎日の気温や湿度の記録を始めました。

また、こんな思い出もあります。ある日、私は警察署を訪ねたのです。入り口の警察官には「坊や何しに来たの？」と尋問されました。とっさに「民主警察のことを聞きに来たのです」と答えました。当時警察は、戦時中の住民監視型から「住民を守る」ということへの転換で、新しい警察として「民主警察」という言葉を使い始めました。そのことを小学生が聞きに来たということで、奥の応接室に通され、偉そうな方が出てきて丁寧に説明してくれたのです。それまで「警察は怖いもの」と思っていたのですが、すっかり警察が好きになったのでした。

先生は当時を振り返って、教育方針も定まらず、教科書もない時代に、先生はまず子どもたちに新しい社会を見せるというかたちでの教育実験をされたということでした。そしてその結果が、教室の壁一杯に貼られたものを、なんとか残したいということで本にすることを考え、実現させました。

「先生が１００歳になったらもう一度来ます」と約束したのですが、結局それは叶いませんでした。

しかし、先生とはその後頻繁に手紙を交換するようになり、戦後混乱期の教育についての話をいろいろ伺うことができました。

妻が他界したとの報告を、当時99歳であった先生にしたときも、「残された男一人での生き方」について、綿々と書いた手紙をいただきました。教え子は「いくつになっても自分の生徒」という思いでおられたと思います。

終戦直後に出版された学習指導書『ぼくらと社会』（新潟第一師範学校教諭羽二生恵太郎・編）。当時の生徒と先生の対話のことが、本の巻頭言に書かれています

どんな人がセンテナリアンになる？

今まで接したセンテナリアンの方、そして最近増えてきている90歳代後半の方で、この方は100歳まで行けそうだと思わせる方を見ていると、どんな方がセンテナリアンになるのかが見えてきたような気がします。

私が考えるセンテナリアンになりそうな人は

①外向的で開放的、誠実な人
②人と付き合うのが好きな人、上手な人
③物事をきちんとこなす人
④常に新しいことに興味を持ち続けている人
⑤頭が柔らかく、こだわりのない人

⑥根明（ネアカ）な人

また、高齢者を医学的に研究されている専門医の話で、よく言われていることとして、

①三食きちんと食べる　②ほぼ毎日野菜をとる、そして果物が好き　③好き嫌いが少ない　④何らかの運動習慣を持つ　⑤自分の身の回りのことを自分でする　⑥好奇心が旺盛　⑦ものごとを良い方向に捉える　⑧決まった時間に起きる　⑨人との付き合いが好き　⑩タバコは吸わない

などがあり、私も納得しています。これらは生活習慣に関わることで、長寿が決して遺伝的なことだけではないことがわかります。

高齢の方だけでなく、高齢のご両親をお持ちの方もご一緒になって、１００歳を目指していただきたいと思います。

第9章

85歳が思う今一番伝えたいこと 戦争体験をデジタルで語り継ぐ

「戦争体験を後世に残す」ことの意義については、以前からずっと言われてきていることです。

しかし、戦後も76年も過ぎると体験を語れる方がほとんどいなくなりました。私の歳では実際の戦場に行った経験はありません。ですが、空襲を受け、また戦闘機からの射撃を受けた経験、そして、集団疎開ということで親元を離れて暮らした経験は、私の戦争体験として今もありありと記憶に残っています。この経験をこの本に記しておこうと思います。

そして、私自身の高齢化の中で、この経験をどう次世代に伝えるか。その残された方策は、デジタルを活用して伝えていく以外にないと考えています。

戦争体験から始まるマイ「命」

太平洋戦争は昭和16（1941）年の12月8日に始まりました。私はまだ5歳とちょっとでしたから、はっきりした開戦のときの記憶はありませんが、毎日ラジオでは連戦連勝の報道が軍歌とともに伝わり、そして日の丸の旗を持っての行列に加わった記憶があります。

やがて近所の若いお兄さんたちが、次々と出征していくことになり、私の父親がみかん箱の上に立って、出征兵士を激励して送る姿を何度も見ました。そのほとんどの若者は顔を知っている人でしたが、結果として再びその人の顔を見ることができた人は、大変少なかったと記憶しています。

国民学校（小学校）へ入学したの昭和18年です。教室の黒板に飛行機の写真が貼ってありました。アメリカの飛行機の写真でした。

これを見て先生からアメリカの飛行機と日本の飛行機の見分け方を教わりました。いつ上空で、アメリカと日本の飛行機が戦うかもしれないという思いがあったのではないでしょうか。

B-29の初来襲から艦載機の機銃掃射まで

2年生のある日、警戒警報が鳴りました。全員校庭に集められました。ふと見上げた空にキラキラ銀色に輝いた飛行機が一機、悠然と飛んでいました。

それが初めて東京上空に現れたB-29でした。高射砲の弾がそれをめがけて打たれたのですが、飛行機の遥か下で破裂、また戦闘機が下からB-29のほうに向かっていきましたが、B-29の高度まで到達できない様子をずっと見ていました。

当時の通学児童の服装は、学帽、学生服、ランドセルに加え、防空頭巾を肩から下げ、そして男はゲートルを巻くことを教えられました。ゲートルをしっかり巻けるようになるまでにずいぶん練習させられた記憶があります。

遠足は「行軍」と呼ばれ、多摩川の河原まで往復歩かされました。

東京大空襲の思い出と艦載機

東京にも連日のようにB－29が来襲するようになり、3年生に上がるとき集団疎開で長野に移ることになりました。

その出発の直前の昭和20（1945）年3月10日に東京大空襲がありました。当時私は9歳でした。寒い夜でした。私は世田谷の三軒茶屋の先に住んでいました。夜、空襲警報が鳴りました。私は生後1年2カ月の弟と一緒に、家の床下の防空壕に避難させられました。

わずか1メートル角で深さも1メートル弱程度に掘った穴です。夜中にB－29が大爆音とともに上空に現れました。ヒュルヒュルという焼夷弾が落ちてくる音、防空壕の土壁は焼夷弾の塊が落ちてくる中で、ズルズルズルズルとずり落ちてくるのが見えていました。寒い夜でしたから、布団に包《くる》まりながらじっとしていました。母親からは「絶対にここから出てはいけない。ただし、家に火がついたら、親を探さずに自分で逃げなさい」と言われました。大人は全員地域の防火のために出ていて家にはいませんでした。

夜が明けて空襲が終わりました。2階に上がって渋谷の方向を見たら、その方向の地平線が真っ赤に見えました。いかに空襲が凄まじかったかがよくわかりました。

9歳が体験した命への思いでした。私の戦争体験の最大の思い出の一つです。

連日のB－29の来襲に加えて、しばしば航空母艦から発進した艦載機が上空に現れるようになりました。

わが家の上空にも頻繁に艦載機が現れました。上空からヒューンという音とともに急降下してきたものでした。バリバリバリバリという機関銃の凄い音で一瞬目を見張るものでした。

ある日ちょうど庭に出ていたとき、上空に艦載機が現れ、家の屋根すれすれに飛んできて、艦載機を見上げた一瞬に戦闘機のコックピットのパイロットの顔がはっきり見えたような気がしたのです。

猛スピードの戦闘機ですから、パイロットの顔が見えるはずがないと思うのですが、瞬間的なことでいまだに一瞬顔が見えたような気がしています。

そして機銃掃射のとき、わが家から3軒先の家にいた男性がトイレに飛び込んだところで被弾して死んだという話を聞いたのでした。

焼夷弾が激しくなるにつれ、防火訓練が頻繁に行われました。多くの若い男性は戦場に取られ、残っていたのは女性と子どもたちばかりでした。女手と子どもでのバケツリレーの練習です。

いつ家が焼かれるかわからない状況の中で、親たちは庭に穴を掘って、貴重品を土の中に埋めていました。

歴史上最初で最後の体験？「集団学童疎開」

戦争がいよいよ激しくなりました。昭和20年3月、3年生に上がるときに学校が閉鎖され、子どもたちはそれぞれ田舎の親戚に預けられるか、預ける先のない子は集団疎開に参加することになりました。私は集団疎開で親元を離れて長野県に疎開することになりました。わずか9歳の子どもです。何か半分遠足気分もあったのかもしれませんが、3月22日、まだ寒い中でいよいよ疎開地へ出発です。

親とは新宿駅の地下道でお別れをしました。送ってきた母親が後で話してくれたのですが、「もしかしたらこれが最後の別れかも」と思ったそうです。

先生から乾パンが一人一袋ずつ渡されました。「もし途中で空襲があったら、汽車から逃げて朝になったときのもの」ということで、絶対に勝手に食べないことと言いわたされました。

◎学童疎開における教育要領

集団疎開がどういう背景で生まれたかについて、今まではっきりしたことがわかりませんでした。ただ、戦争が激しくなり、そういう状況にあるということは理解されていました。ところが、当時文部省からの通達が、学校が父兄に宛てた記録にありました。それは「学童集団疎開に於ける教育要綱」というもので、次のように記されていたのです。

「学童集団疎開は重要都市の防衛力を強化すると共に、次代を荷う皇国民の基礎的錬成を全うし、聖戦目的の完遂に寄与するを以て趣旨となす。

而《しこう》してこれが教育に当りては、疎開地方の風土と伝統とに即して行学一体とせる国民学校教育の精神を徹底せしむるを旨とし、特に左記事項に留意して都市に在りては得難き雄渾《ゆうこん》なる教育成果を収むるに力《つと》めんことを要す」

1　戦意を昂揚し聖戦必勝の信念を涵養《かんよう》すること
2　強健なる心身を育成すること
3　集団生活に於《お》ける躾訓練を徹底せしむること
4　行学を一体として教科教育の実を挙ぐること
5　地方の風土伝統に即して皇民を錬成すること
6　率先躬行《きゅうこう》以て薫化啓導に任ずること
7　受入側市町村及父兄等との連絡提携に遺憾なからしむること

そしてこれをもとに、学校は疎開先でどういった仕組みで生活するかを決めたとのことでした。

◎先生が父兄に送った手紙

いよいよ集団疎開の参加が決まったあと、学校から父兄に以下のような手紙が送られました。

「お子さまは、いよいよ集団疎開に出発いたします。お子たちは必ず立派な子どもになってくれると信じています。皆さまもなにとぞお子たちが寂しくとも、勝つまでは頑張りますと言っておりますと同様に、大いに戦力増強に直接お働き願います。お子たちの疎開の意義もそこに生きてくるものであります。なにとぞお願いいたします」

離れ離れに暮らすことになっても、お互いに戦意高揚の維持と将来の子どもたちの育成に必要な強い絆づくりのためのいくつかのルールが示されました。疎開先の学校からは月に一回会報を送ること、子どもたちからは毎週一回、家にはがきを出すことなどが決まりでありました。そして子どもたちからのはがきは検閲をすることも明記されていました。

親から子どもたちへの手紙には、東京の様子を書くのではなく、疎開先の様子を聞くなど、子どもたちに里心がつかないようなお願いもされていました。

子どもたちに面会に来る際も、自分の子どものことだけでなく、すべての子どもたちの親であるという気持ちで来てくださるようお願いがされていました。

そして、寂しさの弱さに打ち勝つ子どもたちにならって、ぜひお母様方も、強くなってください、という締めの言葉でした。

私には何を書いたかはっきりした記憶がありませんが、のちに母親から聞いた話では、私からのはがきにはいつも「山盛りのご飯の茶碗」の絵が書いてあったそうです。「よほどお腹が空いているのでは」と可哀想に思っていた、とのことでした。

わずか10歳程度の子どもたちを送り出す親の気持ち、そして親から離れている子どもの気持ちの間に入って、先生たちの苦労が偲ばれます。

◎ほとんどない集団疎開の記録

集団疎開をした母校の先生に、学校に集団疎開のときの記録がどの程度残っているのかをお聞きしたことがありましたが、ほとんどないということでした。

集団疎開に行った仲間が何回か集まって昔の話をしたことがあります。当時の上級生も一緒でした。疎開でいじめられた上級生とも会い、仲直りをしました。そのときにみんなが持っているわずかな資料を互いに見せ合い交換しました。

疎開先から脱走して、一人汽車に乗って東京に戻った子の話。病気で入院した子が病院で死んだ話。そして、死んだ原因は盲腸だったということでした。

一方、疎開先の地元の小学校に、疎開をした子どもたちの作品がいくつか残っているということもわかりました。当時の作文や習字などの一部が残されていました。

次世代へ伝える戦争体験の話と子どもたちの反応

私が小学校の集団疎開に参加した母校で、集団疎開の体験談を子どもたちにする機会がありました。

小学校6年生の社会科で、戦争についてのテーマの中で集団疎開の話をしてほしいとのことでした。同じ学校の先輩の話ということもあり、事前に生徒さんからは約80の質問書をもらいました。

質問は、集団疎開の日常生活に関するものが多いのは予想されましたが、戦争に関しての質問の多さにも驚かされました。

「死を覚悟したことがあるか?」「お国のためということをどう思っていたか?」「戦争に勝つと思っていたか?」「終戦で思ったことは?」「戦争を経験して何か自分が変わったことがあるか?」などなど、答えに困る質問もありました。

疎開中に起きたことの話では、やはり当時の食べ物の話題が多かったのですが、中でもへびを取ってきておかずにした話には、皆さん驚いたようでした。

また、ある夜みんなが寝静まった頃、私のすぐ先に寝ていた子どものところに先生が来て、その子を先生の部屋に連れていった話をしたのです。しばらく経ってその子が戻ってきたのですが、頭から布団をかぶって泣き始めたのです。先生から「東京の両親が空襲で死んだ」と聞かされたのでした。この話をしたときの子どもたちは一瞬シーンとしたのです。

私の疎開での体験談のあとで、生徒さんからいただいた感想文も大変興味あるものでした。多くの意見として、今まで本や資料で見たことと、実際体験した人の話では迫力が全然違うということ、話の途中でいろいろ質問ができてよく理解することができた、など戦争に対する関心が増したように感じました。

そのときの質問の中で「戦争に負けたときに何を感じましたか?」というのがありました。その答えとして、戦争に負けた話を先生から聞いたあと、先生がみんなに和歌を書かせました。そのときに私が書いた和歌を皆さんに紹介したのです。

私が書いたのは「今は戦争に負けたけど、30年後僕たち頑張って、今度は米英やっつける」というものでした。

当時小学3年生の子どもの素直な思いでした。先生からずっと、「日本は絶対に勝つ」と言われてきたことからどう気持ちを切り替えるかで、先生から次世代の生徒への期待に応えての気持ちだったと思います。

そしてその30年後、奇《く》しくも日本は世界一の経済大国になりました。武器を持っての戦争ではなく、経済戦争に勝ったのでした。

体験談を子どもたちに伝えたときの私から生徒への最後の言葉は、「戦争で幸せになった人は誰もいなかったことを忘れないでください」というものでした。人生で体験したことの中で、人類が営々と築き上げてきたものが一瞬にしてなくなってしまうという戦争の無意味さを目の当たりに見て、これをぜひ次世代の子どもたちに伝えたかったのです。

第10章

100歳に向けての人生プラン「牧チャンネル85」への想い

85歳でYouTubeチャンネルを立ち上げる

人生100歳時代という言葉が使われるようになったのは、2016年に発刊され話題となった、英国人のリンダ・グラットンらが書いた本『LIFE SHIFT（ライフ・シフト）』の影響でした。

私も大変興味を持って読み、いくつかの衝撃的な言葉に出合いました。

「今の80歳は20年前の80歳より健康だ。今80歳の人たちの子どもが80歳になるときはもっと健康な日々が送れる。『老いている』『若い』という概念が大きく変わる」

「人生の締めくくりへの準備をするだけでなく、人生全体の設計をし直さなくてはならない」

これらの言葉は、ちょうど80歳になろうとしていた私にとって、人生を考え直す大きなきっかけとなったのでした。

中でも、世界一１００歳超の多い日本を研究していたリンダの「日本の過去のモデルは役立たない」のひと言は特に印象に残り、これからの自分の新しい生き方を変えようという思いを強くしたのでした。

私は85歳を一つの大きな人生の区切りとした、新しい生き方にチャレンジすることにしたのです。

今までホームページをはじめ、Ｆａｃｅｂｏｏｋ、ＹｏｕＴｕｂｅなどいろいろなＳＮＳを使ってネットで情報発信をしてきました。それぞれのＳＮＳを通じて友達がたくさんできました。

今後ともその友人たちとのつながりは続きますが、これからのデジタル時代での私の情報発信はＹｏｕＴｕｂｅを中心とすることにしました。

そして今回「牧チャンネル85」を立ち上げたのです。**私の人生１００歳に向かっての残された人生プランの発信**なのです。

いくつものＳＮＳがある中で、多くのシニアと交流がしやすいＹｏｕＴｕｂｅ

を選びましたが、決して若い方のような大規模なフォロワーのいるYouTuberを目指したものではありません。

シニアの日常生活の中に生まれる多くの課題をオンラインで共有するものです。シニアの皆さんにさまざまな分野の専門家の話を、できるだけ専門用語を使わずにわかりやすい説明を心がけてお伝えするつもりです。

また、YouTubeでは静止画だけでなく、動画も簡単に使えますので、シニアフレンドリーな情報提供ができます。

「牧チャンネル85」はデジタル中心のつながりによる世界です。

85歳の私がこれから歳とともに減退していくであろう、リアルの世界との広いつながりを維持するのは、デジタルでのつながりしかありません。

しかし多くのシニアにとってのデジタル活用は極めてハードルが高いのが現実です。そのハードルを少しでも下げるために、私自身の体験に基づいてのアイデアを、これからもどんどん提供したいと思っております。

また、同じ考えで活動をされている大勢の方との連携で、新しいデジタル時代の社会づくりに少しでも貢献できればと思っております。

85歳になった今、「もし100歳まで生きられるとしたら、あと何日あるのだろうか？」と計算したら、約5500日。これを長いと思うか短いと思うかはそれぞれですが、いずれにせよ限界があることは確かなことです。この残されている日々を大事に生きようと改めて思っています。

「誰一人取り残さない」というシニアデジタル社会に

現在の少子高齢化社会では高齢者は自らを守っていかねばなりません。そのためには、自分の存在を社会に示していく必要があります。

もし、100歳までの人生を設計するとしたら、私はあと15年間の設計が必要です。「誰一人取り残さない」というデジタル社会への想いを実現するために、私が果たすべき大きな目標が、「デジタル弱者であるシニア」のサポートです。

「牧チャンネル85」はそれへの私の新しい挑戦の場であり、皆さんとの共有の場でもあります。今までの私の活動の主体は、ここに引き継がれます。

そして85歳からの私の世界では、世代を超え立場を超えた方にも参加していただき、新しいデジタル活用高齢化社会として、今まで以上にデジタルを活用するシニア社会づくりに向かってまいりたいと思っております。

「牧チャンネル 85」へのアクセスするには、YouYube の検索で、「牧壮」「牧チャンネル 85」などから入れます

「牧チャンネル85」はオープンチャンネル

「牧チャンネル85」はどなたでも自由に参加できるオープンチャンネルです。参加費はいりません。費用が発生する活動の場合は、それに参加する方々の負担で行っていただきます。

85歳の「MakiG（牧爺）との世代を超えてのオンライントーク」を主体とした、ゆるキャラで、何でもありのユニークチャンネルです。私が86歳になったら「牧チャンネル86」が生まれる、という仕組みです。

牧チャンネルでの話題に特に制約はありません。

例えば、次のような話題で皆さんとご一緒にネットで自由に語り合うのはいかがでしょうか？

・安心・安全シニアデジタル活用相談
・皆でデジタルデバイドシニアをなくそう相談コーナー
・「人生100歳時代に向かって」プランの交換
・戦争体験を語り継ぐ
・「超超入門デジタル安心安全講座」
・「得意技交換サロン」、「得意技コンテスト」
・「人生の失敗談を語り合う」
・「シニアの目線で見る最近の世相と話題」
・あなたの人生で得た教訓を語録にする「あなたの語録紹介」
などなど。

2021年はデジタル時代が本格的にスタートする年です。今までデジタルに疎遠だったシニアたちにも、デジタルでつながるワクワクライフが生まれます。

「IKIGAI」を世界で共有

日本語がそのまま国際語になった例は「Tsunami」(津波)など幾つかありますが、今や日本語の「生きがい」という言葉が「IKIGAI」という国際語になっているのをご存じでしょうか?

「IKIGAI」という言葉が世界に広く知られるようになったのは、2017年にスペインで出版された一冊の本で、それがベストセラーになったのがきっかけでした。そして翌年に英語訳され国際的な場で広まりました。

日本人が思う「生きがい」に相当する外国語はないようで、日本人の長寿の原因を調べる中で、見つけ出した長寿者の「生きがい」が原点になっているようです。

「牧チャンネル85」がその中にあって、何か一つの役割が果たせるよう頑張っていきたいと思っています。

世界中が高齢化する中で、何かわれわれの活動を世界に発信し高齢化先進国として役に立ちたいものと思います。世界中のシニアが「Worldwide Senior Channel」につながれば素晴らしいですね。

改めて85歳の人生を思う

日本もいよいよ新デジタル時代に入ります。

今までの通念を超えた発想と行動が必要です。

私自身85歳まで元気に生きてこられたことに感謝して、そのご恩を少しでも社会に役立てることができればという思いで、これからのマイ人生を「牧チャンネル85」を通じてお伝えできれば幸いです。

人生１００歳まで、あと５５００日を目指してまいります。
「牧チャンネル85」でお目にかかりましょう。

特別寄稿

牧さん、デジタルが不向きなことも発信していきましょう

（公財）ダイヤ高齢社会研究財団　主任研究員　澤岡詩野

◎求める社会とのつながり方は人それぞれ

「Ａｇｉｎｇ（エイジング）」、加齢という言葉を聞いたとき、皆さんなら何を思い浮かべますか？　多くの方が、家族やご自分の身体や心が思うようにならないことが増えてくるという「ジレンマ」との闘いの時間を想像するのではないでしょうか。確かに人生１００年ともいわれる長寿の時代、介護や認知症、孤立への不安を持たない人はいないのではないかと思います。

でも、心も身体も経済的な基盤も社会との接点も、すべて衰えていくのが高齢

期なのでしょうか？　もしそうであるなら、牧さんのように85歳のお誕生日に「ようやく成人式」と目を輝かせるシニアは天然記念物のような存在なのでしょうか？　改めてあなたの周囲を見回してみてください。牧さんとまではいかなくても、80代の町内会役員さんや90歳でも仲間とウォーキングを楽しんでいる女性など、巷《ちまた》には豊かなＡｇｉｎｇを体現する人があふれています。

一方で、身体はピンピンしていて経済的に困っていなくても、「今さら新たな場に出ていく気にならない……」と自宅で一人で過ごす60代や、「歳だし、人に迷惑をかけたくないから……」とそれまでのつながりを断捨離していく70代も少なくありません。

ここで注意しなければならないのは、このすべてが孤独で寂しい人ではないことです。常にたくさんの人に囲まれていないと安心できない人もいれば、会うことはなくても心の友が一人いれば満足という人もいるように、求める社会とのつながり方は人それぞれなのです。

とはいえ、山奥に住む仙人は別として、俗世に生きるわれわれにとって、完全に社会との接点を閉ざしてしまうのは心や身体の健康にネガティブな影響しかないことからもお勧めしませんが……。一つでも気持ちの合うつながりや心地よいと感じるくらいの活動を持っているのであれば、豊かに歳を重ねていると自信を持ってよいのだと思います。

つまりは、人として成熟していくほどにつながりは量より「質」になってくるというわけですが、加えて重要になってくるのが「プロダクティブ」と言えます。

◎無理なくできる小さなことでも誰かのためになる

「プロダクティブ」を簡潔に説明すると、つながりが自己完結ではないこと、自分以外の誰かにチカラを分けることを意味します。これができている人のほうができていない人よりも、心と身体の健康が維持できていることが明らかにされています。

つまりは、高齢期にボランティアや地域貢献に関わることは、相手を助けるだけではなく、自分の豊かさもつくり出しているのです。このことをセミナーや講座でシニアにお話しさせていただいた際に聞こえてくるのが、「自分にはそんな特別なチカラはない」「歳を取り過ぎて、もうできることはない」という声です。

でも違うのです。本当のプロダクティブとは、無理なくできる小さなことでよく、大事なのは、たとえ寝たきりになってお世話される側になってもそれを長く続けていくことなのです。

例えば、大好きなウォーキングを生かして、定年退職後に高齢者施設で散歩のサポートを始めたAさん。脳梗塞の後遺症で片足にマヒが残ったあとには、社交的な人柄を見込まれて入所者の皆さんのお話し相手を始めました。「こうやって喜ばれているから、明日も頑張れる」と笑顔のAさんでしたが、マヒがひどくなって活動をやめたのをきっかけに自分の殻に閉じこもるようになっていきました。どんどん人を遠ざけるようになる様子に、プロダクティブな存在でい続ける難しさを感じ始めた頃に出会ったのが牧さんでした。

◎豊かに歳を重ねるための武器としてのデジタル

当時75歳前後だった牧さんが開口一番に語ったのは、「シニアこそデジタルを使うべき」という熱いメッセージでした。まだ、シニアとデジタルといえば遠隔医療や見守り、リハビリロボットなど、支援する技術としての色合いが濃く、高齢当事者が使うという視点はほぼ皆無でした。牧さんの言葉に、「まさかシニアが使えるわけがない」とあきれた表情を浮かべる人に出会うことも多々ありました。

ですが、アンケートで実態を調査してみると、多くはありませんが、携帯電話やメールを友人や仲間とつながる手段として活用するシニアがチラホラ。これを研究者仲間に学会で発表しても、福祉関連の専門職にセミナーなどでお話ししても、「それって特殊な人のことだよね」と片づけられる毎日でした。

そんな心が折れそうになったときに出会った同志に、私だけではなく牧さんも千のミカタを得た気持ちだったと思います。意気投合したわれわれは、まじめな話から10年後に向けた大風呂敷な構想まで、恵比寿の横丁で夜な夜な盛り上がったものでした。

「思うように出歩くことができなくなっても、デジタルを使えば、プロダクティブな存在でいられる！」と乾杯したあとに、牧さんの口から飛び出したのが「でもね、元気なうちから使っておかないと、介護されたり認知症になってからじゃ、新しいものに気持ちが向かないんだよね」という課題提起でした。

確かにそうなのです。思うように外出できなくなったAさんに「インターネットを使えば自宅から会いたい人とつながれますよ、誰かに元気を分けることができるかもしれませんよ」とお伝えしても、まったく関心を示さなかったのです。マヒがひどくなる前から少しでも社会的な関わりの中でインターネットを使っていたのであれば、反応は違ったのかもしれません。

その日からです、デジタルを活用して歳を重ねる当事者である牧さんと研究者としてその可能性を調査する私とタッグを組み、「豊かに歳を重ねるための武器としてのデジタル」の活用方法を超高齢社会の日本に広めようと動き出したのは。それ以降もたくさんの壁にぶつかってきましたが、老若男女、産官学民に共感する仲間も増えていき、ジワジワとわれわれの想いが広がっていったように思います。

そうして迎えた新型コロナウイルスの感染拡大は、語弊を恐れずに言えば、追い風になりました。会うこと、出かけることを前提に積み上げられてきたライフスタイルが否定される中で、「デジタルでならつながれる、参加できる」ことをイメージできるシニアが増えていきました。

また、「高齢者は使えないから」と決めつけていた行政や福祉の専門機関が率先して、スマホ教室やZoom講座を開催するようになり、「必要ないから」と関心を示さなかったシニアで満員御礼になっているといいます。

85歳の牧さんがデジタルをフル活用して歳を重ねる姿に深い感銘を受ける人がいる一方で、牧さんだからできると斜めに見る人が少なくないのも事実です。学生さんからＩＴ企業のバリバリの若者、日本の津々浦々から新興国といわれる国まで、牧さんのつながりはデジタルを武器に広がる一方です。これを真似しろというのではないのです。牧さんご自身が心地よいと感じるつながりや活動への関わり方を補完する手段の一つがデジタルであったということで、活用の仕方は多様であってよいのです。

最後に、読者の皆さんにお願いがあります。

今のシニアは、デジタルを武器に歳を重ねる初めての人類です。生き様が、いつかは高齢期を迎える多世代のお手本となっていきます。実体験から、歳を重ねる中でデジタルも使えることで豊かになっていくこと、逆にデジタルが不向きなことをどんどん発信することで、世界を変えていっていただけたら幸いです！

おわりに

デジタルを活用する新しいシニア社会を目指して

85歳までの人生の中でよく聞かれました。

「今まで最も印象に残る経験は何でしたか？」と。

それは、やはり子どもの頃の戦争体験でした。

本文にも書かせていただきましたが、私の歳では実際に戦場に行ったわけではありませんが、B－29が頭の上から連日落とす焼夷弾、そして艦載機からの機銃掃射、そのとき実際にたくさんの死者も見たこと。子どもながらに命というものを痛烈に感じたことがその後の人生にやはり大きな影響を与えたと思います。

終戦で疎開先から戻ってきた東京は、まったくの焼け野原でした。あまりにも衝撃的で、日本はどうなるのか、自分はどうなるのかなどなど、子どもながらに自分の人生を考えさせられることが何度もありました。しかし、自分の成長とともに、日本社会が急激に成長していくのを目の当たりにしました。

社会人となってからは、モーレツ社員のごとく、残業の連続に耐え、わき目もふらずに働いてきました。

85歳まで無事に生きてこられたことにまずは感謝し、これまで自身の健康と気力が維持できたことについて、やはり第一に両親に感謝したい気持ちです。

この本を書く間でも、コロナ禍がもたらした社会変革がどんどん進みました。高齢者の意識も大きく変わってきました。久しぶりに会ったシニア仲間も、元気で変わらずにいる人と、すっかり老けてしまった人に、はっきりした違いが出てきたように感じます。その違いは、やはり「社会とのつながり」の程度の差であり、人間はいかに孤立・孤独に弱いかがわかりました。

私が「すべてのシニアをインターネットでつなぐ」という理念で進めてきた「Internet of Seniors®」（ＩｏＳ）の活動は、コロナ禍の前はインターネットの啓蒙活動が主体でしたが、コロナ禍で大きく変わりました。

すべての世代がデジタルを活用する新デジタル社会づくりが始まり、ＩｏＳの使命が、最もデジタル弱者であるシニアがいかにして取り残されないようにするかのための支援になりました。

ですから、85歳からの私の役割も大きく変わることになります。私自身、今まであまり意識しなかったフレイルがこれからは進むでしょう。今までできたことが次々とできなくなるでしょう。社会とのつながりも減少していきます。

そういった環境に対処できる新しいシニア社会の構築に、85歳の私が自らの体験をベースにシニア目線で支援していくことが、自分に与えられた最後の大きな役割だと思っています。そのためのツールとしての、デジタル技術活用の重要性はますます増大します。長年、アナログ社会で築いてきた多くの知見・経験を有するシニアたちを、SNSで世代を超えたつながりをつくること。

これは決して簡単なものではありません。私にとっての今まで以上の大きなチャレンジです。人生100歳時代、もし私が100歳まで生きられるとしたら、このあと15年の仕事です。そしてその基本となる、デジタルでのオンライン活動の中核として、今後はネット上での「牧チャンネル85」を充実させ、社会とのつながりを広げていきます。戦争体験の話、コロナ後の新しい社会づくりなど、私の人生経験をデジタルで残していきます。


今回改めて思いを文字にすることの意義、本を書くことの大切さを感じることができました。そしてこの記録が私が生きた証しであるとともに、新しいデジタル時代のシニア社会づくりに役立ってほしいと願っております。

このたびの私の出版に対し（公財）ダイヤ高齢社会研究財団 主任研究員の澤岡詩野先生から特別寄稿をいただきました。ここで改めて感謝とお礼を申し上げます。

澤岡先生は、「老年学」の専門家として活動されており、一高齢者として大変勉強させていただきました。新しい生きがいも生まれました。

そして最後になりますが、出版に際し、背中を押してくださった株式会社ブレインワークス近藤昇社長、いろいろご指導、ご支援いただいた株式会社カナリアコミュニケーションズ近下さくら様、編集の入江弘子様に厚く御礼申し上げます。

デジタルの世界はアナログのつながりが原点です

牧 壮　まき・たけし

シニアICTディレクター。牧アイティ研究所代表。Internet of Seniors®（IoS）主管。e－senior　IT活用研究会主宰。1936年、山口県下関市生まれ。慶應義塾大学工学部卒業後、旭化成工業株式会社入社。旭メディカル常務取締役、シーメンス旭メディテック副社長、旭化成情報システム社長を歴任。1999年にリタイア後、マレーシアでインターネットビジネスを実践。75歳で帰国し、中小企業の経営情報化支援の傍ら、「新老人の会」（SSA）を立ち上げ、シニアのためのインターネット教室を主宰。81歳で一般社団法人アイオーシニアズジャパンを設立。IoSの啓発活動を展開中。著書に『iPadで65歳からの毎日を10倍愉しくする私の方法』（明日香出版社）、『シニアよ、インターネットでつながろう！』（カナリアコミュニケーションズ）。

YouTube「牧チャンネル85」
https://www.youtube.com/channel/UCTGBVJLaxQld7NOQBmbNZ9Q

ブレイン・ナビオン
人生100歳　シニアよ、新デジタル時代を共に生きよう！チャンネル
https://brainnavi-online.com/set/652

Staff
装丁・デザイン／齋藤彩子
DTP／藤原政則（アイ・ハブ）
校正／竹田賢一
編集／入江弘子

人生100歳 シニアよ、新デジタル時代を共に生きよう!

2021年10月19日発行

著　者　牧 壮
発行所　株式会社カナリアコミュニケーションズ
〒141-0031
東京都品川区西五反田1-17-1
TEL 03-5436-9701　FAX 03-4332-2342
http://www.canaria-book.com
印刷会社　シナノ書籍印刷株式会社

ISBN978-4-7782-0479-2

カナリアコミュニケーションズの書籍ご案内

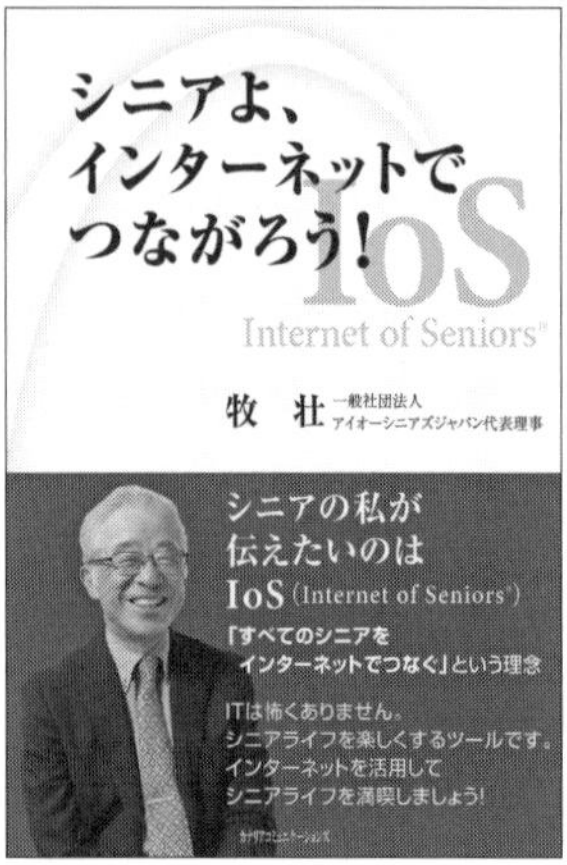

シニアよ、インターネットでつながろう!

牧 壮 著

シニアの私が伝えたいのは、IoS (Internet of Seniors®)「すべてのシニアをインターネットでつなぐ」という理念。
IT は怖くありません。シニアライフを楽しくするツールです。インターネットを活用してシニアライフを満喫しましょう!

2018 年12月10日発刊
定価 1,430 円(本体:1,300 円+税 10%)
ISBN978-4-7782-0444-0

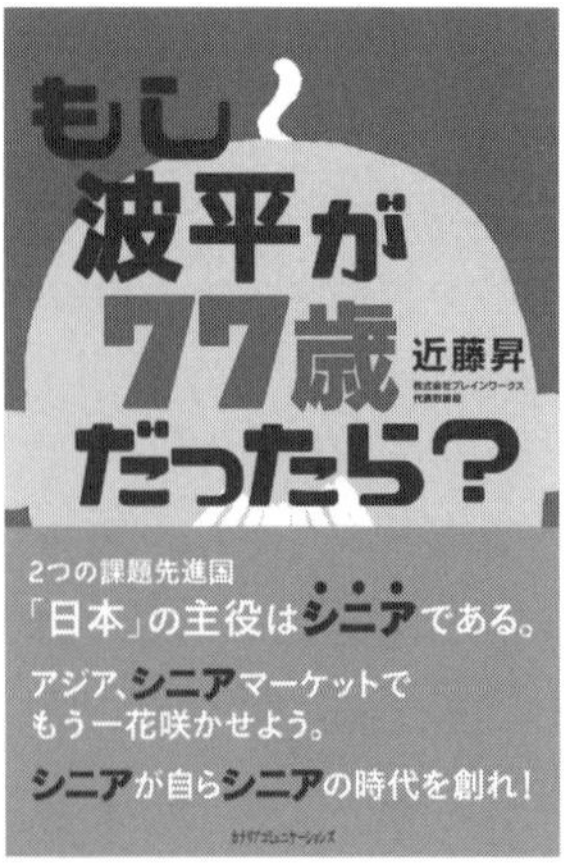

もし波平が 77 歳だったら?

近藤 昇 著

2 つの課題先進国「日本」の主役は「シニア」である。アジア、シニアマーケットでもう一花咲かせよう。シニアが自らシニアの時代を創れ!
いち早く、日本の課題に向き合った話題の書。

2016年1月15日発刊
定価 1,540 円(本体:1,400 円+税 10%)
ISBN978-4-7782-0318-4

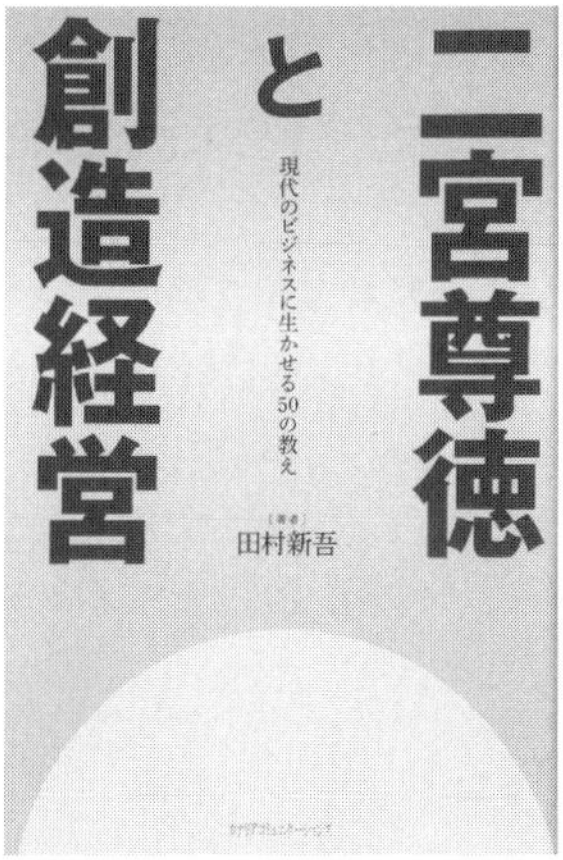

二宮尊徳と創造経営

田村新吾 著

40億年生き続けている自然界のバランス美の中に教科書学問にはない崇高な教えがある。
二宮尊徳が農民に語る自然界の譬え話の中に企業の再生と創造、そして永続の秘訣があった。すべての経営者必読の書。

2015年5月25日発刊
定価1,430円(本体:1,300円+税10%)
ISBN978-4-7782-0304-7

「アクティブシニア」の教科書(電子書籍)

白川博司/藤倉勝弘/西 一志 著

白川氏(76歳)は「仕事づくり」、藤倉氏(76歳)は「人づくり」、西氏(79歳)は「モノづくり」をテーマに、3人の発するアクティブシニアならではの生き方と哲学、そして次世代へのメッセージが込められています。
年を重ねるほどに楽しくなるアクティブシニアを目指したい人におすすめ!

2021年3月26日発刊
定価1,320円(本体1,200円+税10%)